AF578274

NE TIREZ PAS SUR LE FOOT

DU MÊME AUTEUR

EDF, Les dessous du scandale, Jean-Claude Lattès, 2010.
Les Défis du capitalisme coopératif, Pearson, 2009.
La Bataille du pouvoir d'achat, Eyrolles, 2008.
Toujours moins cher : low-cost, discount et cie., L'Atelier, 2006.

www.editions-jclattes.fr

Maquette couverture : Atelier Didier Thimonier
Photo © AndrT RobT/Getty Images

ISBN : 978-2-7096-3828-9

© 2011, éditions Jean-Claude Lattès.
Première édition novembre 2011.

À tous les grands sportifs de l'outre-mer
qui honorent la République.
À mes parents.

Sommaire

Avertissement

> « Le football, ce n'est pas une affaire de vie ou de mort. C'est beaucoup plus important que cela. »
>
> Propos prêté à Bill Shankly, ancien manager de Liverpool

Ce livre est celui d'un économiste passionné de football. Vous y trouverez tous les chiffres qui concernent l'économie du football – budget des clubs, salaires des joueurs, prix des places, transferts, et une analyse simple de ces chiffres.

Comme beaucoup d'entre vous qui parcourez ces lignes, j'aime profondément le football. Je me désole quand son image est écornée par les mauvaises pratiques, par des comportements déplacés. Je me désole d'autant plus que j'ai gardé sur ce sport un œil d'enfant. Je me rappelle les années 1970 et les rencontres de Coupe de France avec mon père dans le vieux stade de Malakoff, en banlieue parisienne. Ce sont des souvenirs qui restent, comme ce pénalty marqué grâce à une talonnade dans un match au couteau entre l'équipe locale qui jouait alors en troisième division et Lyon, déjà au plus haut niveau. Je me rappelle aussi les débuts et la fin de la carrière internationale du Marseillais René Charrier, éphémère gardien tricolore sur la pelouse de Colombes face au Portugal : une glissade, et un but qui vous assomme. Mes étoiles d'adolescent s'appelaient Magnusson, Skoblar, les formidables gardiens français Georges Carnus et Marcel Aubour ou encore Marius Trésor, Marco Molitor, Bernard Bosquier et tous les autres, tous ces visages collés sur les premiers albums Panini. Plus tard, j'ai été séduit par le football de Michel Hidalgo et par son approche intellectuelle et subtile du jeu et des hommes. Et puis ce fut Sedan, club symbole de la transition entre le foot des amateurs éclairés et celui des ligues professionnelles. Comment oublier les merveilleuses soirées au stade Émile Albeau, puis quelques années plus tard dans la nouvelle enceinte Louis Dugauguez, les bons mots qui montent des tribunes, l'ambiance ouvrière et conviviale ? Le football produit du lien et de la joie. Dans notre monde, c'est l'un des territoires qui fait encore vibrer, qui sait rassembler des identités éparses.

Depuis ces années de football familial, comme beaucoup d'entre vous, j'ai vu le football changer. En bien, puisque la France a gagné trois grandes compétitions internationales : Platini avait ouvert la voie avec ses « potes » à l'occasion de l'Euro 1984, Zidane et les siens ont fini le travail avec la Coupe du Monde 1998 et l'Euro 2000. Oui, le football a changé, en France comme en Europe, mais aussi dans mes yeux. Je le regarde aujourd'hui comme un spectacle – le plus excitant de tous, car ici un club de cinquième division peut terrasser un champion d'Europe –, mais je le regarde aussi avec les lunettes d'un économiste. Et tout ce que me dit le football me parle. J'y retrouve les éléments fondateurs de la science économique : la rareté, l'efficacité et les notions clés que sont le marché, les producteurs, les consommateurs, les prix, la propriété des actifs, leur rendement… bref, autant d'éléments qui alimentent le débat aujourd'hui autour de notre cher ballon rond.

Pour écrire ce livre, je me suis rendu en Grande-Bretagne et en Allemagne pour comprendre et comparer, pour identifier ce qui pourrait être importable en France. J'ai interrogé tous les acteurs du football, la Ligue, les clubs, les joueurs, les entraîneurs, les syndicalistes (oui, il y a bien un syndicat des joueurs de football professionnels) ; j'ai rencontré des élus, des confrères économistes, et nous nous sommes posé toutes les questions, y compris celles qui fâchent : les joueurs sont-ils des nantis, trop payés, mal élevés ? Les droits télévision sont-ils trop élevés et mal répartis, les amateurs sont-ils vertueux et les « pros » cupides et mal intentionnés ?

On brûle vite ce qu'on a aimé, et on aime le brûler. C'est le lot des temps modernes fondés sur l'instantané. Alors, prenons un peu de temps, le temps d'une respiration, pour évoquer à la lumière des chiffres le jeu le plus simple et le plus démocratique du monde.

Introduction

Voyage au pays du football

« The most exciting league in the world[1] »

Pour arriver à 15 heures au stade de Dagenham & Redbridge Football Club, mieux vaut miser sur un taxi que sur la *District line*, la ligne « verte » du métro londonien, cette ligne interminable qui conduit au nord-ouest de la mégapole britannique, loin, très loin des beaux quartiers et des devantures de Harrods ou de New Bond Street. À plusieurs reprises dans l'année, la société du métro de Londres interrompt le trafic du week-end pour entretenir un

1. « Le meilleur championnat du monde ».

réseau vieillissant et surutilisé. Les trains s'arrêtent loin de cette banlieue ouvrière qui vote travailliste, une banlieue de petites maisons en brique, comme dans les feuilletons anglais des années 1960. Le *London Transport Authority* assure la navette en autobus entre la dernière station desservie et le bout de ligne sur lequel se trouve l'arrêt Dagenham East, mais « ce trajet peut prendre des heures » m'avait prévenu Romain Vincelot, milieu de terrain offensif français de l'équipe locale. « Si vous voulez vraiment voir le match, trouvez un autre moyen. »

Pour ne rien rater de l'affiche du jour, Dag & Red contre Yeovil Town, une cité anonyme du Somerset au sud-est de l'Angleterre, j'ai suivi les conseils de l'ancien professionnel des Chamois niortais. J'ai pris le métro jusqu'à Leytonstone, sur la *Central line*, puis un *cab* pour arriver une demi-heure plus tard au bout d'une petite rue devant le stade de Dagenham, le plus petit budget du circuit professionnel anglais, avec seulement 1,5 million d'euros par an. Deux divisions plus haut, les grands clubs du championnat britannique affichent des budgets record de 350 millions d'euros. 1,5 million d'euros, c'est à peine le salaire annuel d'un des footballeurs moyens de la *Premier League* anglaise à Chelsea ou Manchester United et soixante-deux fois moins que le transfert de Cristiano Ronaldo depuis Manchester United vers le Real Madrid. Avec la même enveloppe, les dirigeants de Dag font vivre un effectif de dix-neuf joueurs professionnels, dont l'ancien international gallois Tony Roberts, le gardien de but de quarante et un ans.

Romain Vincelot a signé un contrat pro avec Dag & Red en 2010 après une période de six mois de chômage en France. Le club jouait alors en quatrième division professionnelle anglaise, l'équivalent de notre Championnat de France amateur (CFA). Puis, il y eut Wembley, la finale de la *Coca-Cola League Two* gagnée trois buts à deux contre Rotherham devant trente-cinq mille personnes et l'accession à l'échelon supérieur. En changeant de division, Romain Vincelot est passé de 2 000 à 4 000 euros net par mois, mais il ne gagne pas assez pour vivre dans les quartiers huppés des bords de la Tamise. Pour des raisons pratiques, Romain n'a pas de véhicule personnel. Un coup de canif dans l'image d'Épinal du footballeur anglais habituellement représenté au volant d'un bolide hyper cylindré ! J'aurais pu le croiser dans le métro, le sac en bandoulière, avant la rencontre du jour. « De temps en temps, je loue une voiture pour la semaine, au moins pour éviter la marche dans les couloirs du métro et la fatigue qui va avec, explique Romain. Les veilles de match, on cherche à s'économiser, d'autant que ce championnat à vingt-quatre clubs est exigeant. Parfois, nous jouons trois fois par semaine. Et le football anglais demande de la vitalité. » Sur le petit terrain des Dag & Red, Romain Vincelot ne ménage pas sa peine. « Ce petit salaire a été mon droit d'entrée dans le football professionnel anglais. Pour moi, pas question de revenir en arrière. Je ne rentrerai en France que pour jouer en première division. »

Comment expliquer cette irrésistible attraction pour les championnats anglais ? Le stade, surmonté de quatre petites tribunes en à plomb du terrain, peut accueillir jusqu'à six mille personnes. En ce samedi de février, sous un pâle soleil d'hiver, ils sont deux mille cinq cents, dont les supporters des visiteurs dans les tribunes de Victoria Road. Le prix d'entrée est de 19 livres (23 euros) pour un match de troisième division. C'est le prix au guichet, mais le club propose des abonnements ou des réservations à l'avance, moins chères. C'est la technique du « *Yield management* », la gestion de la recette qui permet de segmenter le marché pour s'adresser à tous les consommateurs, en proposant des prix différents pour un produit ou un service identique. En jouant sur le temps et sur la garantie du siège occupé, le club propose des prix dégradés par rapport au prix du jour affiché à la billetterie. Au *club house*, autour de grandes pintes de bière, les rouges et bleus côtoient ceux de Yeovil, et suivent ensemble sur écran géant le derby mancunien entre Manchester City et Manchester United : pas un mot plus haut que l'autre, pas un geste de violence, mais au contraire une certaine fraternité sportive. Le football anglais est-il parvenu à exorciser ses démons, lui qui a été le champ fertile du hooliganisme ? Nous verrons plus loin que les Britanniques sont très pragmatiques. Les primodélinquants ont été lourdement sanctionnés et les interdictions de stade assorties de mesures conservatoires demeurent une arme puissante et dissuasive.

Dagenham est un petit club presque familial, un échantillon représentatif du football anglais. « Ici, même en troisième division, on évolue dans un cadre professionnel, on se sent vraiment professionnel », lâche Romain. Dans certains stades de la *NPower League 1*, comme à Charlton ou à Southampton, l'affluence est de l'ordre de quinze mille spectateurs par match en moyenne. L'identification au club est très puissante. À échelon équivalent en France, on va jouer à Pacy-sur-Eure, à Luzenac ou à Rodez devant mille personnes dont la moitié seulement ont payé leur entrée.

L'Angleterre polarise, elle attire. La concurrence pour venir jouer en Grande-Bretagne est vive : « Les joueurs d'Europe du Nord et d'Europe de l'Est se battent pour accéder aux quatre divisions professionnelles », témoigne le Français. « Il y a la question de l'argent, mais pas seulement. À Southampton, dans la division de Dagenham, certains joueurs sont payés 5 000 livres par semaine. En *NPower League 2*, juste en dessous de notre division, de nombreux joueurs sont mieux payés que moi », dit encore Romain. La contrepartie, c'est que le spectacle est fait pour les spectateurs, non pour les intermittents du spectacle ! Pas de trêve entre Noël, le *boxing day*[1] et le jour de l'an. En Espagne, autre pays du football, les footballeurs de la Liga ont menacé les dirigeants d'un mouvement de grève pour un projet qui visait à organiser des rencontres entre le 23 décembre et le 2 janvier inclus. En Grande-Bretagne, les professionnels sont au service du spectacle. Le modèle économique des entreprises du football s'adosse au marché, car c'est finalement ce dernier qui décide. Sage résolution dans un pays qui a fait le lit du libéralisme économique : n'est-ce pas à Londres que, dans les années 1980, Margaret Thatcher lançait le célèbre « TINA », « There Is No Alternative », que l'on enseigne dans l'histoire récente de la pensée économique ? Les dirigeants de Dagenham vont pourtant à l'inverse de cette philosophie de l'économie. L'un des actionnaires parle même d'esprit coopératif : un homme, une voix. « Si M. Abramovitch veut investir 100 millions de livres chez nous, il sera le bienvenu, mais il

1. Le *boxing day*, au Royaume-Uni et dans plusieurs pays du Commonwealth, est un jour de fête défini comme le premier jour ouvrable après Noël (généralement le 26 décembre, il peut également être reporté à une autre journée).

aura une voix au Conseil, comme tous les autres actionnaires[1]. » Vincelot renchérit : « On ne gagne pas des fortunes, mais on est sûr d'être payé, le club ne dépense pas plus que ses recettes. » Un cas à part parmi les nombreux championnats européens. Les clubs espagnols et parfois anglais sont endettés dans des proportions inquiétantes qui font peser une épée de Damoclès sur leur avenir. L'endettement total du football professionnel espagnol est de 4 milliards d'euros, celui des clubs professionnels anglais de 3,5 milliards. Les cinq clubs européens les plus endettés sont, dans l'ordre croissant : Manchester, United Chelsea, Valence, Liverpool, Real Madrid.

Nous sommes loin des banlieues populaires londoniennes. Cette saison, la première à ce niveau, Dag & Red a bataillé fermement pour assurer son maintien. En dépit d'une remontée spectaculaire au classement, Dagenham & Redbridge a été rétrogradé en *NPower League 2*, d'un petit point, à l'issue de la saison 2010-2011. Romain Vincelot poursuit son parcours

---

1. Roman Abramovitch est le propriétaire de la prestigieuse équipe londonienne de Chelsea.

dans le football professionnel anglais. Au mois de juillet 2011, il a signé un contrat de deux ans avec l'équipe de Brighton Hove Albion, champion de *NPower League 1*, désormais sociétaire de la *Coca Cola Championship*, la deuxième division professionnelle britannique. Au début du mois d'août 2011, Romain a découvert le nouveau stade de Brighton, un édifice paysagé, ultra-moderne, couvert, de plus de vingt mille places. Baptisé American Express Stadium, il a déjà remporté un prix d'excellence au concours des plus beaux édifices en métal. Symbole des nouveaux horizons du football, l'AMEX Stadium a été bâti avec la participation d'un très grand métallurgiste indien.

La France de son côté a-t-elle renoncé au beau jeu ? Le public le murmure, et dans les salles de rédaction, les journalistes disent le regretter : « On s'ennuie fermement dans de nombreux stades de France. » Jean Resseguier, une des grandes voix du football sur RMC, estime que le championnat propose chaque année une dizaine de « gros matchs », mais pas beaucoup plus. « La France a gagné la coupe du monde 1998 grâce à un bloc défensif solide », entend-on par-ci par-là. Notre victoire fondatrice serait en même temps la source de nos maux... ou comment finir par trouver négatif un des plus grands moments du sport français (sinon le plus grand). Le choix d'un football très physique pour ne pas dire rugueux en défense n'est pas étranger au récent débat sur les quotas de joueurs d'origine noire ou arabe en équipe de France. La polémique débute en avril 2011 quand un site d'information sur Internet, Mediapart, révèle que les dirigeants de la Fédération française de football auraient évoqué la possibilité d'établir un système de quotas ayant vocation à limiter le nombre de joueurs potentiellement bi-nationaux en équipe de France[1]. Compte tenu de l'histoire récente du pays, ces « bi-nationaux » renvoient dans les faits à des joueurs originaires d'Afrique du Nord ou d'Afrique sub-saharienne. On prête à Laurent Blanc, l'entraîneur national, l'intention d'avoir estimé, à travers ces propos, qu'on a trop cherché des « grands costaux » en équipe de France, majoritairement recrutés en Afrique ou en Outre-mer. En fait, ce que Laurent Blanc

1. À l'occasion d'une réunion des dirigeants de la FFF en 2011.

cherchait à éviter, c'est la formation de mineurs bi-nationaux qui, à dix-huit ans, décident finalement de choisir leur second pays et non la France pour leur carrière professionnelle internationale. Car ce que personne n'a expliqué, c'est qu'une fois une équipe nationale choisie, il est impossible de faire machine arrière. Les deux problèmes, celui de la nationalité et celui du physique, ont été allégrement mélangés, à dessein, par certains médias. Et le grand public n'y a rien compris. Tout le football serait devenu raciste du jour au lendemain, alors que la veille, on célébrait encore l'équipe black-blanc-beur. Un peu de sérieux et de retenue. La vérité n'aime pas les caricatures.

Pour revenir un instant sur la question des grands gabarits, on entend dire que la formation française serait adaptée à un jeu solide à l'arrière, et pour tout dire ennuyeux pour les spectateurs. En Grande-Bretagne en revanche, on ne s'ennuierait pas, ni dans les tribunes, ni devant sa télévision. La télévision anglaise précisément n'hésite pas à jouer le jeu. Les chaînes, y compris publiques, proposent de larges extraits des rencontres, depuis la *Barclays Premier League* jusqu'aux rencontres de quatrième division.

Internet fait le reste et diffuse des résumés et des entretiens, offre des séquences filmées comme les plus beaux buts ou les meilleurs arrêts de gardien. La BBC propose des retranscriptions documentées sur la toile, en temps réel. On peut y suivre le match minute par minute, y compris pour une rencontre de troisième ou quatrième division. La qualité du travail journalistique traduit un degré d'exigence élevé du public. Comme le disent les Anglais, « *It makes your money worth* » – « On en a pour son argent ! ». En somme, en Angleterre, on s'efforce de montrer les meilleurs moments de tous les matchs… Rappelons au passage que tous les matchs de *Premier League* ne sont pas montrés en intégralité à la télévision anglaise (contrairement à la France).

À la mi-temps de la rencontre du jour entre Dag & Red et Yeovil, les deux équipes sont à égalité : un but partout. Vincelot a marqué un but de la tête (comme la presque totalité des douze autres qu'il a inscrits depuis le début de la saison). Un but d'école – une tête piquée sur un corner, imparable y compris pour un très bon gardien. Dans le vestiaire, l'entraîneur John Still est direct. Pas de grandes phrases mais un jugement qui stimule la réflexion : « J'ai vu de bons professionnels, mais c'est insuffisant. Je veux voir des hommes sur le terrain, des hommes qui ont envie de se sauver et de sauver le club. » C'est ce qui s'appelle fermer le ban. Les « causeries » d'avant match sont dans le même esprit : « On met juste la musique à fond. Chacun est placé en face de lui-même. La parole de l'entraîneur n'est pas prophétique. Bien sûr, on sait contre qui on va jouer. Le coach interrompt la musique, dit rapidement ce qu'il doit dire, puis remet la musique », commente Romain. Derrière chaque professionnel, il y a un individu confronté à sa propre responsabilité. La confiance et cette responsabilité individuelle sont les deux leviers de la méthode Dag & Red. L'Homme est au centre. C'est peut-être une différence avec beaucoup de clubs français, y compris au plus haut niveau. Ici on veut du spectacle sportif, et on l'assume. Les mots de l'entraîneur ont produit leur effet. Les Daggers s'imposent finalement deux buts à un, à l'issue d'une rencontre haletante. Les deux équipes restent sur le terrain. Là encore, pas d'agressivité. Pendant la guerre, c'est la guerre, « après, dit Vincelot, on passe à autre chose ! ».

Modèle londonien contre modèle parisien

Londres est une ville immense. Le grand Londres s'étend sur des dizaines de kilomètres et rassemble plus de quinze millions de Britanniques. C'est une chance pour les activités de spectacle comme les clubs de football, à condition que le volume de l'offre réponde à la demande. La taille est un facteur de productivité et d'efficacité. L'offre de football dans ce grand territoire est large et variée : pas moins de cinq clubs de *Premier League* (l'équivalent de notre première division), quatre de seconde division, appelée au Royaume-Uni la *League Championship*, quatre clubs en *League One* (notre troisième division) et un en quatrième division (la *League Two*).

Les clubs londoniens du circuit professionnel en 2010-2011

Barclays Premier League	***Championship***	***NPower League 1***	***NPower League 2***
Arsenal	Crystal Palace	Brentford	Barnet
Chelsea FC	Milwall	Dag & Redbridge [3]	
Tottenham	Queens Park [2] Rangers	Charlton	
Fulham FC	Watford	Leyton Orient	
West Ham FC [1]			

Ce cas unique dans la géopolitique européenne du football est pour beaucoup dans le dynamisme du football anglais. L'offre est de qualité, elle est abondante et rencontre un public large, fortement mobilisé, très engagé dans la vie des clubs.

Une rapide comparaison avec la situation française est cruelle. Paris et la région parisienne représentent un volume de population comparable. Environ quatorze millions de Franciliens vivent dans Paris intra-muros ou dans l'un des

1. Accède à la Barclays Premier League en 2011-2012.
2. Rétrogradé en championship.
3. Rétrogradé en NPOWER league 2.

départements d'Ile-de-France. À territoire comparable, l'offre de football est limitée au seul Paris-Saint-Germain en première division et à trois clubs du Championnat National, la troisième division française dont le statut est à cheval entre le monde professionnel et le football amateur : le Paris Football Club joue dans l'immense stade de Charlety, à la Porte de Choisy, devant cinq cents spectateurs perdus dans une arène de vingt-deux mille places, l'US Créteil est en proche banlieue, et cette saison le Red Star, ancienne gloire du football ouvrier, cherche à retrouver son rang dans les travées du stade Bauer à Saint-Ouen, un des premiers du football en France, inauguré en 1909, face à des Anglais, douze ans après la naissance du club à l'étoile rouge. Il n'y a pas un club parisien en seconde division – cette Ligue 2 qui pourtant est une division passionnante et riche. Un ancien président du PSG regrette le désert du football de haut niveau à Paris. « La concurrence est stimulante, dit-il lors d'une rencontre dans son (petit) bureau du Parc des Princes. Je n'avais aucun partenaire dans des secteurs aussi importants que la grande distribution, les assurances ou l'automobile. Si nous étions trois ou quatre clubs à Paris et en région parisienne, il y aurait une plus grande élasticité du marché. »

Londres, à l'inverse, est un grand marché mature : la densité des clubs professionnels soutient une forte émulation. Chez Dag & Red, par exemple, une bonne moitié des joueurs est issue des centres de formation des clubs prestigieux du grand Londres. Plus le marché est large, plus le volume d'emplois est important et plus la demande (de travail) a de grandes chances de rencontrer l'offre. C'est une loi d'airain de l'économie. Le football n'échappe pas à cette règle. Le volume aimante le talent et le talent soutient la concurrence, facteur essentiel de progrès.

Face au rouleau compresseur britannique, quels sont les atouts du football français ? Notre football peut s'appuyer sur deux points forts : nos clubs sont les meilleurs formateurs d'Europe et la Ligue de football professionnel (LFP) veille avec soin sur les finances des entreprises professionnelles de football. Le modèle économique du circuit professionnel français est durable, même si « les Britanniques adorent les centres de formation français, ironise Romain Vincelot. Ils viennent y faire leur marché. »

Ce petit voyage dans l'Angleterre du foot nous servira de point de départ. Avec le football comme avec la politique, les Français sont d'incorrigibles cabochards. Ils mettent souvent de la morale dans les règles, et des règles dans l'exercice de la morale, comme s'il fallait la codifier. Un confrère universitaire allemand [1] résume assez bien notre état d'esprit : « Au XIXe siècle, quand toute l'Europe cherchait à améliorer la condition ouvrière, les Français ont accouché de Saint-Simon qui proposait de changer la société. Nous, en Allemagne, nous avons gardé la société, mais nous avons développé les coopératives de production pour mieux partager les revenus ; nous n'avons pas changé le monde. » En France, le réflexe du « tous pourris » est très répandu : on brûle ce qu'on a adoré et vice versa. Du coup, et c'est une qualité, on sait aussi être amnésique et repartir de plus belle.

Les grandes questions que nous nous poserons dans ce livre touchent les fondamentaux de notre

1. Entretien personnel avec le Professeur Munckner, juriste de la Faculté de Marburg, le 10 février 2011.

football. Les réponses apportées sont parfois surprenantes. Sur l'argent, les clubs, les formules fiscales et sociales, sur les amateurs et les professionnels, le présumé esprit de violence ou le sport substitut de la guerre, la vérité – ou à défaut une certaine vérité –, se cache dans les détails… à nous de savoir y entrer.

Idée reçue nº 1

Les footballeurs sont trop payés

« Des fainéants qui ne mouillent pas le maillot. Des gens mal élevés et trop payés pour ce qu'ils font. »

Début février 2011, l'équipe de France de handball rentre de Suède avec un nouveau titre de champion du monde. C'est le quatrième, auquel il faut ajouter un titre de champion d'Europe et une médaille d'or aux Jeux olympiques. Le quotidien sportif *L'Équipe* titre avec malice : « Sont-ils assez payés ? » L'allusion aux autres porteurs du maillot bleu, notamment aux footballeurs français qui se sont distingués en Afrique du Sud quelques mois plus tôt, est à peine voilée. Un semblant de polémique rebondit quand l'opinion apprend que ces mêmes footballeurs allaient finalement toucher des primes auxquelles on pensait qu'ils renonceraient en raison de leurs piètres performances au mondial. Dans le football, l'adage « travailler plus pour gagner plus » ne devrait-il pas être traduit par une formule du genre « gagner pour gagner plus » ? Dans une Coupe du monde de football, comme dans toutes les coupes au monde, la logique est binaire : soit on gagne et on continue, soit on perd et on s'en va, mais sans les primes. L'opinion est cruelle, comme la règle du maître de Rome : le vainqueur est épargné (provisoirement), le vaincu est exécuté, sauf à être tombé avec les honneurs, ce qui ne fut pas le cas de nos footballeurs français en Afrique du Sud. Au contraire, ces enfants gâtés du sport professionnel ont ajouté le ridicule à leur très mauvaise performance collective. La victoire des handballeurs français à Malmö en Suède a suscité la curiosité de la presse ; le magasine *Challenges* explique comment « le DRH des bleus (Claude Onesta) a misé sur la cogestion » et rappelle que l'entraîneur champion du monde gagne 7 000 euros par mois, alors que son collègue du football Raymond Domenech, dans la même position six mois plus tôt, émargeait à 50 000 euros, pour ne rapporter à Paris qu'une élimination affligeante assumée de manière affligeante.

L'opinion considère avec un esprit conservateur la logique d'argent dans le sport. Rappelons que le football est d'abord un jeu. Admettons qu'il puisse être aussi un substitut des jeux de Rome, mais n'est-ce pas trop lui demander que de porter l'avenir du pays ? Avant la Coupe du monde de juillet 2010 en Afrique du Sud, on nous avait prédit qu'une bonne performance des bleus rapporterait un demi-point de croissance au pays, comme si les footballeurs de l'équipe de France avaient aussi pour mission de soutenir l'activité économique ! La situation du marché du football exigerait du discernement au risque de tomber dans la caricature grossière. Regardons les salaires des CDD du football. Je parle volontairement de CDD car, à l'inverse de tous les autres salariés des grands secteurs économiques, les footballeurs sont tous en contrat à durée déterminée. En France, tous les CDD sont assortis d'une clause de précarité : pourquoi pas les footballeurs dont la carrière est irrégulière, aléatoire et comparée à d'autres, de très courte durée ? Y a-t-il oui ou non matière à scandale et le football est-il dérogatoire aux règles générales de l'économie que nous partageons tous ? Dans son bureau du Parc des Princes, l'ancien président du Paris-Saint-Germain s'agace légitimement des procès d'intention instruits contre les footballeurs. Il se plaît à rappeler les revenus annuels des chanteurs français les plus populaires. En 2010, Christophe Maé a gagné 4,7 millions d'euros notamment grâce à un album au nom prémonitoire, *Dingue, dingue, dingue*, et à ses tournées ; « M », Mathieu Chedid, a pour sa part touché 3,97 millions d'euros et des artistes plus anciens comme Eddy Mitchell et Mylène Farmer ont déclaré plus de 2 millions d'euros de revenus. Ces derniers artistes sont désormais, sans leur faire offense, des retraités ou des seniors de la chanson. Leur carrière a pour l'un commencé dans les années 1960, et pour l'autre dans les années 1980. Quel footballeur peut prétendre honorablement gagner sa vie du football après trente-cinq ans ? Rapportés à une carrière de dix ans, ou quinze au mieux, les revenus des joueurs professionnels sont moins élevés qu'on ne le pense. Dix ans de carrière à 40 000 euros par mois, salaire moyen d'un joueur professionnel de Ligue 1, correspondent à quarante ans d'une carrière standard à 10 000 euros ! De là à crier au scandale, c'est sans doute exagéré, d'autant que si nous parlons de salaire moyen, cela signifie que très nombreux sont ceux qui sont en dessous. On nous objectera que les professionnels poursuivent leur activité au-delà du football. C'est vrai pour quelques-uns d'entre eux, mais pas pour tous, et en tout cas certainement pas pour la masse des joueurs anonymes. Pour être tout à fait juste, suggère M. Leproux, il faut comparer les salaires des footballeurs avec ceux d'autres artistes et non avec les revenus de Monsieur tout le monde. M. Leproux sait de quoi il parle. Il a dirigé de nombreuses entreprises de spectacles, radio et télévision et regrette le regard souvent discriminatoire porté sur le seul football. Le PSG, rappelle-t-il, peut compter sur un budget moyen, quand on le compare aux deux plus gros budgets du football français, ceux des deux Olympiques, Lyon et Marseille, qui disposent de 170 millions d'euros par an. À Paris, le plus gros salaire au cours de la saison 2010-2011 était de

300 000 euros par mois. C'est un revenu très élevé, mais d'une part, Claude Makélélé était une vraie star, au sens noble du terme, et d'autre part, c'est aussi un revenu moyen quand on le compare à ce qui se pratique dans les autres grands championnats européens.

L'opinion est prompte à s'enflammer pour dénoncer les transferts de footballeurs. L'arrivée de Javier Pastore au PSG, à l'été 2011, pour la somme de 42 millions d'euros marque un record. Que n'a-t-on entendu à ce sujet ? Indécent, scandaleux, les mots ne manquaient pas pour une fois encore condamner le football professionnel. En 2010, une toile de Picasso, *Nu au plateau de sculpteur*, était vendue 82 millions d'euros lors d'une vente aux enchères chez Christie's à New York. A-t-on entendu s'élever le chant des vierges à l'occasion de ce record ? Et pourtant, le tableau de Picasso trônera désormais dans un salon privé et sera inaccessible au grand public. Pastore, pauvre Pastore, a eu le tort d'être footballeur, comme si ce talent était vulgaire. Il y a bien deux poids, deux mesures, surtout pour alimenter les mauvais procès. L'actualité du football est un formidable terrain d'expression de la démagogie.

La vérité, plus cruelle et politiquement indélicate, serait plutôt de dire que beaucoup de joueurs moyens sont beaucoup trop payés. Pourquoi rémunérer 40 000 euros par mois un joueur de qualité moyenne dont la contribution est sans relation avec le résultat final ? Notre œil est naturellement attiré par ce qui brille. Il est moins aguerri pour débusquer les détails où le diable se cache souvent. Regardons ce qui se passe chez nos voisins européens. Quand il a dû faire face à une crise de trésorerie liée à la crise financière, le puissant président de Chelsea, Roman Abramovitch, n'a pas licencié les gros salaires du club, Didier Drogba ou Nicolas Anelka par exemple. Il a ajusté les effectifs non opérationnels du club en se séparant de collaborateurs chargés de dépister les talents de demain. Résultat : quelques dizaines de milliers d'euros seulement ont été économisés. Un journaliste, Patrick Magdelain, fait judicieusement observer que Chelsea aurait pu se séparer de son quatrième attaquant, Salomon Kalou, sans nuire au rendement offensif de son équipe. Mais ces joueurs sont aussi des actifs dans le bilan de l'entreprise, au même titre que les installations immobilières du club ! C'est donc ce qui en fait leur valeur. Se séparer d'un actif, c'est accepter de s'appauvrir[1]. Pour appréhender rationnellement la question du revenu des footballeurs, il est indispensable de la replacer dans le contexte de son marché global : « Le prix annuel du spectacle est de 650 millions d'euros, rappelle Robin Leproux (hors billeterie et produits dérivés). 650 millions d'euros, c'est le prix payé par les chaînes de télévision pour retransmettre les matchs du championnat de Ligue 1. Que les acteurs de ce spectacle soient payés à due proportion ne me paraît pas scandaleux ».

Rareté et fixation du prix

La parabole proposée par le très grand économiste Adam Smith pour appréhender la question de la rareté est précieuse. Comparons la valeur de l'eau et celle du diamant : l'eau est utile à la vie et pourtant, elle n'a pratiquement aucune valeur commerciale, car on en trouve partout

1. « L'actif "joueurs" compose par conséquent l'essentiel du patrimoine des clubs professionnels alors même que ce dernier est inscrit dans un marché libéralisé où la liberté de circulation et les réglementations nationales accroissent l'instabilité juridique du dispositif ». Extrait du rapport Besson au Premier ministre en 2008.

(ou à peu près aujourd'hui) et en quantité abondante (pour le moment). L'eau que nous buvons pour assouvir une fonction vitale coûte quelques centimes d'euro par litre. C'est peu. Le diamant en revanche est très cher. Il ne sert pas dans la vie quotidienne (sauf peut-être à lire des disques vinyle...), il ne répond à aucun des besoins biologiques de l'Homme mais il est très rare. Il est donc hors de prix ! Ce qui est rare est cher. Nous le savons tous. Quand des producteurs organisent la sous-capacité de l'offre sur le marché pour des vêtements de marque ou pour un nouveau gadget électronique, ils font artificiellement monter les prix. Ils organisent la rareté et tous les consommateurs acceptent de payer cher, voire très cher, pour des produits qui ne sont pas indispensables à la vie humaine.

Dans le football, les choses sont plus claires et plus transparentes. La rareté n'est pas organisée artificiellement, elle est intrinsèque à la nature des individus. Dit plus simplement : il n'y avait qu'un seul Michel Platini, un seul Zidane, il n'y a qu'un seul Messi, un seul Cristiano Ronaldo, un seul Casillas, etc. Le talent des footballeurs s'exprime de façon naturelle. Il n'est pas artificiel, au sens où il ne repose pas sur une promesse marketing ou commerciale. L'utilité des joueurs d'exception est simplement d'être eux-mêmes. Le talent des footballeurs leur appartient. Les noms de la liste précédente sont interchangeables avec d'autres, talentueux et rares eux aussi. Mais la liste est courte. Il y a, comme disent les Anglais, une *short list* (« liste courte ») des joueurs les plus *bankables* (« avec lesquels on peut créer de la valeur ») de la planète foot. Ils font la différence. Les clubs en tirent un vrai profit. Au mois de mars 2011, l'Olympique de Marseille est éliminé de la Ligue des Champions par Manchester United.

Les Marseillais n'ont pas démérité sur le terrain anglais, ils ont même dominé une partie de la rencontre, mais au coup de sifflet final, l'entraîneur Didier Deschamps reconnaît sur TF1 que les Britanniques ont deux ou trois joueurs d'exception qui ont fait la différence en marquant contre le cours du jeu. La valeur de ces trois joueurs au-dessus du lot, achetés à prix d'or, est celle d'une qualification pour les quarts de finale de la compétition, soit quelques millions d'euros et la perspective d'en gagner beaucoup plus ! Dans le football international, la rareté comporte une variable supplémentaire :

l'unicité. Il n'y a par définition qu'un seul Lionel Messi ou un seul Cristiano Ronaldo, pour prendre deux exemples incontestables parmi ceux que nous avons déjà cités. Pour ces joueurs d'exception, les règles habituelles du marché s'estompent. Nul besoin d'être économiste pour comprendre que, dans leur cas, l'offre et la demande sont inappropriées pour fixer le niveau du prix. « Pas tout à fait », soutient l'ancien président du PSG : « La loi de l'offre et de la demande change de périmètre, mais elle continue de s'appliquer ; l'offre est simplement aussi étroite que la demande. Compte tenu des prix réclamés pour de tels joueurs, seuls quelques clubs européens sont en mesure de formuler des offres. Real Madrid, Barcelone, Chelsea, Manchester United (peut-être aussi City) et Milan AC se disputent les tout meilleurs à coup de dizaines de millions. » Il y a bien une loi de l'offre et de la demande mais sur un segment très étroit du marché. Les clubs français en sont exclus.

Quelques clubs russes sont entrés provisoirement dans le cercle étroit des plus riches.

L'Anji Makhatchkala, propriété d'un magnat du pétrole, a acheté les service de Samuel Eto'o à l'Inter de Milan pour 27 millions d'euros, et accepté de payer le joueur 20 millions d'euros par an !

Les clubs russes nés de la fortune de leurs propriétaires doivent être considérés comme des épiphénomènes. Leur espérance de vie, à ce niveau, est directement liée au cours des hydrocarbures. Ne tirons donc pas de conclusion hâtive.

Là encore, la science économique offre quelques points de repère utiles à la réflexion. Ceux qui veulent aller au-delà d'une conversation de comptoir sur les salaires des footballeurs devront partager avec nous quelques idées de base. Imaginons deux cas de figure simples sur un marché : s'il n'y a qu'un seul lot de blé à vendre et que les clients sont quatre, c'est le vendeur qui fera son prix. Si, en revanche, il y a quatre lots de blé à vendre et un seul acheteur, nous sommes dans la situation dans laquelle est le client, c'est-à-dire le demandeur, qui fait le prix (quand un client est seul, on dit qu'il est en « monopsone »). Ronaldo, Messi, Kaka, et quelques autres sont dans la situation du lot unique. Ils expriment la fonction de la rareté et plus encore de l'unicité. Ils sont réservés au cercle très fermé des clubs européens les plus riches. Le marché actuel n'est donc pas suffisamment efficace puisque les plus puissants profitent de barrières d'entrées (par l'argent) qui interdisent une concurrence large et équilibrée. Toutefois, ne nous trompons pas de cible. Si des entreprises acceptent de payer le prix demandé, c'est qu'elles estiment que l'achat se justifie. On ne peut sans cesse faire de procès aux joueurs. On pourrait en revanche en faire aux autorités de tutelle des grands championnats européens, comme l'Angleterre ou l'Espagne qui laissent concourir des entreprises en situation de faillite.

Pour ceux qui le veulent, nous pouvons aller plus loin et considérer les principes économiques suivants :

f (R) = > P : la fonction de la Rareté exprime l'augmentation du Prix (Prix d'achat et salaire).

I (R)= P × 2 et > : L'Intensité de la Rareté est égale au Prix multiplié par X.

Si un joueur de qualité internationale est payé entre 100 000 et 150 000 euros par mois, un joueur exceptionnel et unique gagnera donc un multiple entre 5 et 10 du salaire moyen d'un joueur de qualité internationale.

Revenus des joueurs français les mieux payés en 2010[1]

Thierry Henry	18,8 M€
Karim Benzema	8,8 M€
Franck Ribéry	8 M€
Patrick Vieira	7,2 M€
Nicolas Anelka	7 M€
William Gallas	6,8 M€
Éric Abidal	6,4 M€
Lassana Diarra	5,3 M€
Jibril Cissé	5,2 M€
Patrice Evra	5,1 M€
Florent Malouda	5,1 M€
David Trézeguet	5,1 M€

D'après L'Équipe Magazine *(samedi 5 mars 2011) qui indique avoir estimé les revenus des sportifs en 2010 en consultant les agents et fédérations concernés ainsi que les sponsors.*

1. Sur un classement de 50 sportifs de haut niveau, le football représente 41 places soit 80 % des revenus les plus élevés. Sébastien Loeb, champion du monde à de nombreuses reprises, est à 7,3 millions d'euros par an et subit la baisse des revenus sur le marché, notamment la crise du secteur de l'automobile.

Les cinq sportifs les plus payés au monde

Tiger Woods (Golf)	56,1 M€
Kobe Bryant (Basket)	33,9 M€
David Beckham (Football)	31,7 M€
Phil Meckelson (Golf)	30,3 M€
Lebron James (Basket)	30 M€

D'après le magazine Forbes, *pour l'année 2010.*

La rareté est une fonction croissante de la demande

Ce qui frappe l'opinion dans le cas des footballeurs, c'est souvent la hauteur des sommes en jeu comme le montre le tableau précédent. Notons cependant qu'aucun des joueurs français mentionnés dans ce tableau ne joue dans un club français. C'est encore une fois un hommage du vice à la vertu ; les clubs français sont d'excellents formateurs de talents. Avec ces millions d'euros et parfois ces dizaines de millions, nous avons quitté le terrain du quotidien des ménages. Or ce sont bien des personnes physiques comme vous et moi qui vont au stade et participent à la vie militante du football professionnel en s'abonnant ou en achetant des billets d'entrée au stade. Le public des supporters est constitué de « Français moyens » dont les revenus sont souvent proches du salaire médian en France, soit 1 560 euros par mois, impôts et taxes payés. En tant que citoyen, j'ai du mal à comprendre le prix des très grands joueurs et leurs salaires. Je considère *ès qualité* que chaque chose a un prix naturel. Comment un homme, même doué de grands talents, peut-il coûter 50 millions d'euros, soit 42 000 fois le salaire minimum sur une base équivalente à environ 1 200 euros par mois en France ? Mais comment pourrait-on fixer un prix dit « naturel » ? Pourquoi « taper dans un ballon » vaudrait moins qu'une autre activité artistique ? Selon quel arbitraire ? Selon quelles règles, qui, elles-mêmes, seraient nécessairement contestables ? Rappelons par exemple que le salaire des sportifs ne coûte rien aux contribuables ! Pourquoi une telle condescendance à l'égard des footballeurs ? Peut-être parce que les classes dirigeantes sont composées d'intellectuels, et qu'elles n'acceptent pas qu'un « travail » non intellectuel soit aussi bien rémunéré...

Donc, en tant qu'économiste, j'oublie la valeur de l'individu (au sens symbolique) pour m'intéresser à la valeur de l'actif. Les entreprises de football, comme toutes les entreprises, présentent chaque année une photographie de leur santé financière incluant l'activité et la différence entre les actifs et le passif. Il s'agit de leur bilan. Jusque-là, tout est simple. L'exploitation montre quelles ont été les recettes de l'activité et quelles dépenses l'activité a entraînées. On fait le solde des deux pour voir si l'activité est bénéficiaire ou déficitaire. Mais, il y a aussi ce qui constitue le « disque dur » de l'entreprise : son patrimoine, c'est-à-dire ses actifs, autrement dit ce qu'elle possède. Or une entreprise de football « possède » en général des footballeurs et plus leur valeur (leur cotation financière) est élevée, plus l'entreprise est valorisée. La question des salaires des footballeurs en pose donc une autre. Pendant longtemps, les instances européennes du football ont volontairement dissimulé la poussière sous le tapis. Comment en effet accepter la liberté de circulation et de salaire sur un marché où les règles du jeu (financier) ne sont pas les mêmes pour tous ? Laissons provisoirement de côté les questions de concurrence fiscale ou sociale pour nous intéresser simplement au modèle du marché.

Budgets prévisionnels pour la saison 2011-2012

Clubs français	***Budgets prévisionnels, en millions d'euros***
Lyon	160 M
Paris	150 M
Marseille	130 M
Lille	75 M
Bordeaux	70 M
Rennes ; Saint-Étienne	52 M
Nancy ; Sochaux	40 M
Lorient	38 M
Toulouse	36,5 M
Montpellier	36 M
Nice	35 M
Valenciennes	33 M
Auxerre ; Caen	32 M
Brest	27 M
Évian TG	26 M
Dijon	20 M
Ajaccio	16 M

Source : L'Équipe *du 5 août 2011.*

Quand des clubs achètent des joueurs pour des montants supérieurs à leur budget annuel et poursuivent leur activité avec un endettement hors des ratios admis dans les affaires, ils bénéficient d'un avantage compétitif indu, de nature à fausser les règles de concurrence. C'est sur ce point et moins sur le salaire des joueurs que la réforme devrait porter comme le souhaite Michel Platini, le président de l'UEFA[1].

Le marché de l'emploi

Au mois d'août 2010, l'ancien gardien de but René Charrier, désormais vice-président de l'Union nationale des joueurs professionnels, annonçait que 280 joueurs professionnels étaient sans emploi. Le nombre de footballeurs professionnels en France est de l'ordre de 1 650, si l'on inclut les 450 professionnels français évoluant à l'étranger. Le taux de chômage dans le métier avoisine donc les 17 %. C'est beaucoup si l'on compare avec les chiffres du Pôle Emploi, mais c'est très peu quand on consulte ceux des intermittents du spectacle ! À l'été 2010, Michaël

1. Michel Platini a pris la Présidence de l'UEFA (Union européenne des associations de football) le 26 janvier 2007.

Sylvestre, ancien de Manchester United et d'Arsenal, était sans emploi, tout comme Laurent Bonnard, champion de France et vainqueur de la Coupe de la Ligue avec l'Olympique de Marseille ou François Clerc, Robert Pires et Camel Meriem. Tous ceux qui suivent le championnat et les rencontres internationales savent que ces joueurs ont une vraie valeur. Mais, comme le dit René Charrier, « il n'y a pas de place pour tout le monde ». Le football n'échappe pas à la crise économique. Il en paie lui aussi le prix. Pour le directeur de l'information du syndicat des joueurs cité par le site Internet *trib1foot.com* « le nombre de contrats pros a baissé de 7 % à la fin de la saison 2010 ». Les clubs français sont moins riches, la recette aux guichets est moins élevée, les recettes de sponsoring plus légères et les entreprises organisées en SAOS ou en SASP réduisent leurs dépenses[1]. La Ligue professionnelle veille à l'orthodoxie budgétaire en imposant aux clubs des politiques de rigueur financière quand leur situation est périlleuse. Cette veille est semble-t-il efficace, dans la mesure où le taux de défaillance est

1. Société anonyme à objet sportif et Société anonyme de sport professionnel.

limité. La Ligue peut compter sur la vigilance de la DNCG pour imposer des mesures curatives aux clubs fragiles. Le déficit cumulé des clubs professionnels est tout de même passé de 34 millions d'euros en 2008-2009 à plus de 140 millions l'année suivante. Des voix alarmistes comme celle du président lensois Gervais Martel estiment même que la tendance est en baisse dans le secteur de l'emploi. Il prévoit trois cents à quatre cents joueurs au chômage fin 2011. Le syndicat des joueurs estime à deux cents joueurs le nombre de professionnels qui arrivent chaque année en fin de contrat. Certains retrouvent un emploi, mais le marché n'absorbe pas toute l'offre de travail. Au-delà des paillettes et des projecteurs, le marché de l'emploi du football est comme tous les autres, avec ses excès et ses sans-grades. On est pris de vertige en lisant cette étude du site *sportune.fr* qui a estimé que, rapporté au salaire de Lionel Messi, chaque but marqué par l'Argentin coûtait 173 000 euros à son club. C'est beaucoup moins que Cristiano Ronaldo qui coûte 235 000 euros par but inscrit. Le site ne précise pas ce que chaque but marqué rapporte aux clubs. Le solde est en effet en faveur de l'employeur. Cette petite étude n'est qu'une photographie instantanée de la situation. Messi autant que Ronaldo sont susceptibles d'inscrire des buts à chaque match. De surcroît, le calcul ne tient pas compte de leur capacité à faire marquer des buts à d'autres joueurs.

Une chose est sûre, la présence de très grands joueurs est un facteur d'attractivité pour le public. Les champions remplissent les stades et dopent les recettes commerciales. C'est grâce à ces revenus additionnels que d'autres joueurs, moins talentueux, ont accès à des emplois bien rémunérés, c'est aussi grâce à ces revenus que de jeunes talents sont formés dans les meilleures académies. L'étude de *sportune.fr* rappelle en ce sens un invariant du football : les grands joueurs constituent une ressource limitée. Cette dernière est donc gérée comme tous les actifs rares. Sur le terrain de la mobilisation des compétences, le marché est très efficace. Son efficacité réside dans sa capacité à identifier le talent et à l'utiliser. Les joueurs les plus méritants sont toujours repérés et les vrais champions ne volent pas leur réputation. C'est un marché très dynamique adossé à un itinéraire efficace : détection, formation, qualification, emploi. Au cours des derniers mois, l'actualité française a réservé une large part au débat sur les classes moyennes. L'économiste Nicolas Bouzou parle du « chagrin des classes moyennes » dans un livre paru en 2011 aux éditions Jean-Claude Lattès. Dans le football, la classe moyenne est encore debout. Elle forme le plus gros des troupes de la famille football. Le sablier qui symbolise l'érosion des classes moyennes de la France d'aujourd'hui est impropre pour modéliser les actifs du football. La très grande majorité des professionnels appartient à la classe moyenne du football, *mutatis mutandis.* Le salaire d'un footballeur moyen du championnat de Ligue 1 est de l'ordre de 40 000 euros, celui d'un professionnel de Ligue 2 est de l'ordre de 15 000 euros. Au fond, rien de scandaleux dans les activités de spectacle.

Le gigantisme américain

Le 6 février 2011, la finale du *Super Bowl* américain, autrement dit, la finale du championnat de football américain entre les Pittsburgh Steelers et les Green Bay Pakers du Wisconsin avait été suivie par cent onze millions de téléspectateurs – un record d'audience à la télévision américaine. Le championnat de la NFL (National

Football League) mobilise un pactole annuel de… 9 milliards de dollars. La fédération de football américain est la plus riche du pays, loin devant celles de basket, de hockey ou de baseball. Cette année, les joueurs, représentés par leur syndicat, ont pourtant déterré la hache de guerre : à l'origine du conflit, la renégociation du contrat avec les propriétaires. L'enjeu du mouvement qui a donné lieu à de nombreuses séances de négociations sous arbitrage fédéral concernait le partage des recettes. Jusqu'à 2010, les présidents de club s'octroyaient un milliard de dollars avant que la distribution ne commence. Le reste était ensuite partagé. Cette année, les clubs ont voulu doubler leur part régalienne. Les joueurs s'y sont opposés. Le conflit a été dur, les propriétaires menaçant leurs employés de *lock out*, une forme de licenciement à l'américaine consistant à annuler le contrat de travail pour repartir de zéro. Dans les faits, souligne le journal *Les Échos* du jeudi 3 mars 2011, les clubs veulent augmenter le temps de travail des joueurs. Ce serait travailler plus pour gagner moins, passer de seize à dix-huit rencontres par saison et accepter de gagner 18 % de salaire en moins.

Un conflit de même nature a opposé les clubs et les joueurs dans le milieu du basket américain. Les clubs, entreprises privées du marché, rappelant que la Ligue de basket (NBA) avait perdu 350 millions de dollars en 2009, ont souhaité réduire de 50 à 58 millions de dollars l'enveloppe destinée à rémunérer les joueurs.

Ce court détour par les États-Unis met en lumière deux phénomènes dans le football européen. D'une part, l'activité de spectacle sportif professionnel est loin d'avoir atteint le stade de la maturité. Les entreprises du secteur, et singulièrement les plus importantes et les plus brillantes sur le plan sportif, sont en situation de coma économique. Elles perdent de l'argent et traînent un endettement hors norme. Dans n'importe quel autre secteur, des entreprises dans une telle situation auraient été immédiatement placées non en redressement, mais en liquidation judiciaire. La part des salaires versés aux joueurs représente l'essentiel des dépenses dans le football européen. On peut accepter l'élasticité des dépenses de personnel, mais pas au-delà des moyens de l'entreprise. Madrid, Manchester et quelques autres ont franchi la ligne rouge (ce que les entreprises de football américain veulent à tout prix éviter). Deuxième leçon, le nombre de marques ou de franchises en Europe est très réduit. Le nombre de celles qui peuvent payer l'exception est encore plus étroit. Dans le domaine des salaires, il y a dans le football au moins trois marchés : celui des étoiles payées à prix d'or, cédées entre très riches et ne sortant jamais de la famille des puissants, celui des joueurs moyens, payés à un prix rationnel et le troisième marché, des joueurs anonymes payés sur des périodes très courtes au prix d'un ingénieur sortant des Grandes Écoles. Ces trois marchés coexistent. La magie de ce football européen, c'est qu'ici un club de petits joueurs peut donner une leçon de football aux très grands. Le rectangle vert du ballon rond est le seul espace où de tels miracles sont encore possibles !

La valeur de l'exemple

Les économistes estiment que le prix exprime une valeur : valeur d'usage, valeur d'échange et valeur sociale. On oublie souvent sur ce dernier point que les footballeurs professionnels abandonnent la moitié de leurs revenus en impôts. Il ne s'agit pas de justifier les hauts revenus mais de rappeler une règle républicaine. Nul ne se plaindra que les salariés les mieux payés acquittent un impôt au prorata de leurs gains. Le salaire payé aux joueurs n'est rien d'autre que la reconnaissance de leur valeur au regard d'une échelle de valeurs collectives incluant le rendement et les performances. Il n'y a rien à redire sur ce point. On peut en revanche discuter un autre aspect du statut des sportifs de haut niveau. La contrepartie du salaire très élevé devrait être selon moi l'exigence d'exemplarité. Qu'on le veuille ou non, ces idoles du stade sont aussi les idoles d'une partie de la jeunesse. Leur statut leur confère une responsabilité. Ils doivent se comporter comme on l'attend d'une élite. Rectitude, engagement, droiture sont les qualités requises pour incarner le rôle qui leur incombe. Tout manquement grave à cet engagement devrait être sanctionné. L'actualité a tourné au ridicule les frasques de certains footballeurs. Leur comportement d'homme n'a pas été à la hauteur de leur mission. On pourrait en dire autant de certains hauts responsables politiques, sans qu'il s'agisse de justifier l'injustifiable. Sans jouer les pères la pudeur, on ne peut se plaindre d'une jeunesse qui perdrait ses repères quand les adultes les plus en vue, les plus valorisés par les médias se comportent comme des irresponsables. L'exemple le plus affligeant a été celui d'un footballeur présenté comme une référence, puis mis en cause dans une affaire de mœurs avec une mineure. Rétroactivement, on peine à comprendre comment des marques censées s'adresser aux jeunes, comme Nike ou Playstation, aient pu maintenir leurs contrats avec une icône aussi dégradée. Cet épisode a montré que le « trop, trop vite » reste un danger pour des esprits mal préparés. Conscients des risques, de très nombreux dirigeants de clubs, des éducateurs historiques comme Guy Roux notamment, ont toujours veillé à accompagner les joueurs qui accédaient à un statut très exposé. La chronique des dernières années montre que cet effort devrait être intensifié pour éviter les accidents industriels qui jettent le discrédit sur toute une population.

En plein débat sur la baisse du pouvoir d'achat des ménages en France, il peut paraître inconvenant d'affirmer que les salaires des footballeurs français sont « raisonnables » quand on les compare aux revenus de leurs collègues anglais, italiens ou espagnols. Dans ce secteur d'activité, les phénomènes de rareté et d'unicité catalysent les prix du marché. C'est une des raisons pour lesquelles on atteint des niveaux jugés indécents. Pour un économiste, le plus choquant n'est pas là. Ce qui est frappant, c'est que l'augmentation des droits audiovisuels a été consacrée à augmenter les salaires des joueurs. Les entreprises n'en ont pas profité. Aujourd'hui, le foot doit s'imposer une cure de rationalité dans deux directions : il faut réduire le nombre de contrats professionnels et modérer les revenus des joueurs en insistant sur les salaires moyens qui peuvent sembler trop élevés. Les cas exceptionnels et les talents exceptionnels doivent être traités à part.

La France et l'Allemagne donnent l'exemple dans ce sens. La Bundesliga, le championnat le plus rentable d'Europe, s'est converti aux règles de la rigueur budgétaire. En dépit de son immense succès populaire (42 000 spectateurs par match en moyenne), le championnat allemand sera en 2011-2012 un des moins dépensiers. Dix-sept clubs ont dépensé moins de 5 millions d'euros de transfert au cours de l'inter-saison. C'est très peu comparé aux chiffres du championnat anglais. À titre d'exemple,

Samir Nasri est passé d'Arsenal à Manchester city pour 42 millions d'euros ! En France, comme en Allemagne, on trouve toutefois des exceptions. Et ce sont elles qui sont en général livrées en pâture à l'opinion. En Bundesliga, le Bayern a dépensé une petite fortune (20 millions d'euros) pour acquérir les services du gardien de but prodigue du club de Gelsenkirchen (Schalke 04). En France, le PSG bénéficiant de la trésorerie de son nouvel actionnaire majoritaire qatari a investi environ 80 millions d'euros dans le transfert de nouveaux joueurs, dont l'argentin Pastore, le milieu argentin de Palerme, les deux gardiens Douchez et Sirigu, le buteur lorientais Kevin Gameiro, Jérémy Ménez et quelques autres. Ces transferts exceptionnels du Bayern et du PSG ont été réalisés grâce à des injections de trésorerie et non en aggravant les déficits ou en créant de nouvelles dettes. La DNCG française s'y serait opposée tout autant que la Ligue fédérale allemande, qui conditionne l'octroi de la licence au respect de l'équilibre budgétaire pour les clubs pros allemands.

Je ne peux toutefois conclure ce chapitre sans revenir sur les considérations morales que nous avons évoquées précédemment. Demandons-nous si ce qu'on exige des sportifs de haut niveau, on l'exige à l'identique des femmes et hommes politiques, des chefs d'entreprise, et des dirigeants de ce monde. Lorsque les frasques d'un homme politique font la une des journaux (et je ne parle pas ici forcément d'activité délictuelle), ses partisans, comme parfois ses adversaires, ne sont-ils pas les premiers à exciper de la séparation sanctuarisée entre vie privée et vie publique, du « droit au secret » ? En France, il y a d'un côté la vie publique, le métier, que l'on se doit de faire avec droiture et professionnalisme, et de l'autre, la vie privée, ou les conventions sociales et morales ont moins lieu d'être. Soit, mais alors, il faut que cela soit le cas pour tout le monde.

Je veux bien que les sportifs aient un devoir d'exemplarité, mais ils ne doivent pas être les seuls dans ce cas.

Idée reçue n° 2

Le football, c'était mieux avant

« On ne sait pas retenir nos talents, les clubs français ne sont plus ce qu'ils étaient. »

La libre circulation des joueurs professionnels des pays membres de l'Union européenne, consacrée par un arrêt de la Cour de justice des communautés européennes (CJCE) du 15 décembre 1995, connu sous le nom d'arrêt Bosman, a créé les conditions économiques d'un grand marché continental des transferts, libre et sans barrières à l'entrée ou à la sortie. L'arrêt Bosman a été suivi en 2002 par une autre décision de la Cour, elle-même complétée par d'autres arrêts consacrant le principe de libre circulation des joueurs pour des États hors de l'Union, mais bénéficiant d'accords particuliers avec l'Europe ou avec certains des États européens. L'arrêt Bosman a favorisé l'émergence d'un marché homogène à l'échelon européen. La force de travail (c'est-à-dire les joueurs) est libre de circuler dans l'espace UEFA. On passe de l'affaire du « plombier polonais » à celle du footballeur polonais.

Mais si le football des pays de la zone Europe a été doté de règles communes en matière de circulation des « actifs » que sont les joueurs, les conditions globales d'une vraie concurrence ne sont toujours pas réunies. L'arrêt Bosman n'a rien changé aux règles fiscales et sociales de chacun des pays de l'Union, pas plus qu'il n'a eu d'effets sur la répartition de la ressource audiovisuelle, celle-ci restant l'affaire des autorités organisatrices nationales. Pour dire les choses simplement, cette décision de justice essentielle a changé une partie de la règle commune, mais chacun, dans son championnat, continue à jouer avec ses propres règles nationales. Les déséquilibres apparaissent quand les meilleurs de chaque État membre se rencontrent : là, ce sont bien les règles nationales et non les règles européennes – inexistantes, qui pèsent sur la compétitivité des équipes engagées. Pour être encore plus radical, on peut affirmer que l'arrêt Bosman a fait des riches plus riches et des pauvres plus pauvres. Comme souvent, l'Europe a été plus soucieuse de déréglementation que d'organisation du marché : comment en effet accepter que les règles du marché soient les mêmes pour tous alors que les règles sociales et fiscales de production ne sont pas homogènes ?

Pardon, mais l'Europe prend souvent les choses à l'envers. Il aurait été plus logique de créer des conditions de gestion communes et des règles harmonisées en matière de gouvernance financière, comme le souhaitent Michel Platini et l'UEFA, que d'ouvrir le marché sous le seul angle de la circulation des personnes. Ce qui se passe, c'est un peu comme si on disait à tous les coureurs européens de partir en même temps mais en sachant que chaque pays place un certain nombre de sacs de sable (et pas le même évidemment) sur les épaules de ses joueurs. Dans le football, aussi, les conditions de production ne sont pas les mêmes pour tous et on demande pourtant à tous de participer à des compétitions européennes communes qui sont les plus grandes pourvoyeuses de revenus directs et indirects.

Prenons l'exemple de l'Angleterre : Manchester United évolue dans le championnat anglais. La fiscalité des revenus y est plus douce qu'en France ; Manchester United participe très régulièrement aux phases finales de la Ligue des champions et bénéficie à ce titre des revenus qui y sont attachés (38,3 millions d'euros pour la saison 2008-2009). Voilà pour le principal, mais il y a tout le reste, ce que les Anglais appellent les *ancillary revenus*, c'est-à-dire les « revenus subordonnés » : grâce à la formidable exposition médiatique que lui offre sa participation aux coupes européennes les plus prestigieuses et les plus médiatisées, MU est parvenu à abonner 92 millions de personnes dans le monde à sa propre télévision, accessible par tous les moyens techniques disponibles, comme le câble ou le satellite. Pourtant, en dépit de ses puissants outils commerciaux, Manchester United est dans une situation d'endettement très inquiétante. Si cette entreprise était française ou allemande, elle aurait été placée en procédure de sauvegarde devant un tribunal de commerce. Pourtant, MU poursuit son aventure et cherche à élargir son horizon. Les banques Crédit Suisse et Morgan Stanley ont été chargées d'introduire le club en Bourse à Singapour avec l'ambition de lever 650 millions d'euros. Les propriétaires du club entendent ainsi réduire la pression financière qui les étouffe et fait peser un risque vital sur l'entreprise. Le déficit du club a été de l'ordre de 120 millions d'euros au cours de la saison 2010-2011. Les propriétaires américains, dont la famille Glazer, acquittent une enveloppe de presque 50 millions de livres par an, pour servir une émission obligataire qui arrivera à maturité en 2017. Voilà ce qui arrive quand on finance des acquisitions par la dette. Pour s'en sortir, les Glazer ont annoncé qu'ils pourraient céder 25 % des actions du club au profit des nouveaux investisseurs, petits et grands, de Singapour. La situation des clubs anglais est périlleuse mais paradoxale. L'endettement global du football professionnel britannique a été estimé par le cabinet d'audit Deloitte à 3,7 milliards d'euros. Toutefois, l'exploitation de ces mêmes clubs est souvent bénéficiaire. Le modèle britannique est incontestablement performant mais lourd en termes de trésorerie : pour rester au plus haut niveau, les grands clubs anglais multiplient les achats de très grands joueurs à des prix très élevés. Ils les inscrivent à leur bilan dans la colonne des actifs, mais ces achats sont financés au prix d'un endettement massif. Le modèle est durable tant que le succès sportif est au rendez-vous, mais en cas de contre-performance, par exemple en Ligue des champions, les courbes des recettes et celles des charges permanentes se croisent dangereusement. Le football anglais offre toutefois une alternative à ce modèle « mancunien », parmi les plus inflationnistes du football européen : pour résumer et simplifier, les clubs anglais peuvent être divisés en deux familles. D'un côté les « chasseurs », comme Manchester et Chelsea, qui recrutent les meilleurs à prix d'or, et de l'autre les « éleveurs », comme Arsenal, ouverts aux jeunes joueurs talentueux en construction. Le modèle de Manchester United est plus rapidement efficace, mais hautement consommateur en cash sans être jamais à l'abri d'un accident industriel. Celui des Londoniens d'Arsenal repose sur le temps et la patience. La saison dernière, l'équipe d'Arsène Wenger a montré des progrès. On sent qu'elle accède peu à peu à l'excellence par à-coups, mais Arsenal n'a encore rien gagné et vient de perdre coup sur coup deux de ses meilleurs éléments, dont le Français Nasri, parti à Manchester city, membre du club des chasseurs. L'argent permet de gagner du temps, or le football de haut niveau requiert aussi des victoires, car, c'est bien connu, l'histoire ne retient que le nom des vainqueurs.

En laissant ainsi perdurer des situations qui peuvent être considérées comme des entorses graves à la libre concurrence, l'Europe est coupable d'avoir favorisé l'émergence de colosses aux pieds d'argile. Comment s'étonner dès lors des déficits record enregistrés au cours des dernières années par les instances européennes ? Le football européen est un marché où 56 % des sept cent trente-trois entreprises de l'élite (les clubs de première division) signalaient un déficit en 2009. L'UEFA note un dérapage de la situation par rapport aux années précédentes. Le nombre d'entreprises en difficulté a augmenté de plus de 10 % en un an : les pertes cumulées ont atteint la barre du 1,2 milliard d'euros – oui, nous parlons bien de plus d'un milliard d'euros de pertes. Pourtant, sur la période observée, les revenus des clubs s'étaient accrus de presque 5 % (ce qui est beaucoup à l'échelon industriel) pour atteindre 11,7 milliards d'euros ; mais ce sont les dépenses qui dans le même temps ont explosé (à hauteur de + 9,3 %), pour atteindre 12,9 milliards d'euros. L'augmentation des pertes ne s'explique que par celle des salaires payés aux joueurs. Ces traitements représentent 64 % des dépenses des clubs en moyenne. Et que cache cette moyenne ? Pour soixante-treize clubs européens, les dépenses de salaire représentent plus que leur budget total ! S'il ne fallait retenir qu'un seul chiffre pour décrire le marché européen du football professionnel, nous garderions à l'esprit que seuls quatre des trente clubs européens les plus importants présentent un budget à l'équilibre. Ces grands clubs bénéficient pourtant de conditions sociales et fiscales très favorables, par rapport aux clubs français. La concurrence est donc doublement défaillante : non seulement certains clubs bénéficient d'un cadre fiscal plus avantageux, mais ce sont souvent les mêmes qui violent les règles prudentielles de gestion en fonctionnant très au-dessus de leurs moyens.

À ce stade, je voudrais vous proposer un rapide arrêt sur image pour évoquer la situation des clubs espagnols. Les équipes professionnelles du champion du monde sont en état de coma dépassé et pourtant, elles gagnent encore les compétitions européennes et animent le marché des transferts en provoquant une inflation choquante. La situation du football espagnol est la pire en Europe. Elle constitue à mes yeux un vrai scandale. On peut à la rigueur critiquer les clubs anglais, mais les actionnaires engagent leurs moyens propres et remettent au pot. Dans le cas de l'Espagne, non seulement les clubs ne publient pas de comptabilité, bénéficient d'amnisties sociales et fiscales, mais en plus, certains ne payent pas leurs joueurs. Je pense en particulier à ceux du Rayo Vallecano, un club de la banlieue de Madrid, édifié autour de la bulle immobilière. L'équipe accède cette année à la Super Liga, la première division espagnole, à l'issue d'un chemin de croix mémorable. Au cours des six premiers mois de la dernière saison, en Ligue 2, les joueurs n'ont pas été payés par leur employeur. Comment un club comme celui-ci, en état de faillite, a-t-il pu obtenir le droit de jouer parmi l'élite ? Dans *L'Équipe*, le vendredi 15 avril 2011, le milieu de terrain de l'équipe madrilène déclarait : « D'après moi, la Ligue devrait faire quelque chose pour que les clubs présentent leurs vrais comptes en début de saison. » On ne compte plus les joueurs espagnols créanciers de leurs employeurs ou les clubs ruinés et mal gérés, laissés sans surveillance. D'abord limité à quelques clubs en perdition, le phénomène s'étend inexorablement. À tel point que le syndicat des joueurs espagnols a lancé un mouvement de grève au début de la saison 2011-2012. La première journée des championnats de 1re et 2e division a été reportée. Luis Rubiales, le courageux président du syndicat des joueurs a reconnu que la grève est un moyen extrême, mais l'ardoise est de 50 millions d'euros. Cinquante millions de salaires impayés (alors que le fonds de solidarité de la Ligue est de 10 millions d'euros).

Ce qui a provoqué le courroux du syndicat et des joueurs est pourtant moins le fait des impayés que la mauvaise foi de dirigeants indélicats. Plusieurs clubs comme Saragosse, Majorque, Bétis Séville ou Levante se sont placés sous la protection de la loi espagnole sur le redressement judiciaire, dite loi Concursal. Pour aller au plus simple, cette loi offre un armistice aux entreprises sur les dettes du passé mais exige que les charges courantes soient payées après que la société a été placée en redressement. Plusieurs équipes bénéficiant de la loi Concursal continuent de ne pas payer les salaires des joueurs, ce qu'elles devraient faire au regard de la loi. Le syndicat dénonce une situation de non-droit, de viol systématique de la loi et se demande pourquoi les autorités du football restent passives. Le Racing Santander, autre grand nom du foot ibérique, est en cessation de paiement. Sa reprise par un homme d'affaires indien n'aura offert qu'un court répit au club, mais pas à ses créanciers. Sur plus de 30 millions de passif accumulés, 11 sont dus aux joueurs de l'équipe professionnelle et aux organismes sociaux ! Je veux bien que le football soit un phénomène culturel en Espagne, plus encore dans une Espagne en crise, mais la persistance de pratiques dolosives fausse toutes les règles. Dans un monde parfait, les clubs bien gérés, partout en Europe, devraient pouvoir se porter « partie civile économique » pour réclamer l'application du droit et des règles de bonne gestion à l'échelon de tout le continent.

Le grand projet porté par Michel Platini est d'assainir cette situation, dans la mesure où, à ce rythme, une partie de la géographie européenne du football est sévèrement menacée. Le projet dit de *Fair-play* financier, porté par l'UEFA, a été soutenu par l'association européenne des ligues (EPFL) dont le président n'est autre que celui de la ligue anglaise, Sir Dave Richards, et dont le vice-président est celui de la ligue française, Frédéric Thiriez. Il a également été soutenu par l'Association des clubs européens (ECA) présidée par le dirigeant du Bayern de Munich, Karl-Heinz Rummenigge. De quoi s'agit-il ? Et faut-il en attendre un nouveau modèle économique pour le football européen ?

Fair-play

Le *Fair-play* financier était à l'origine un code de bonne gouvernance financière destiné aux clubs européens. L'intention était bonne. L'enjeu était de sauver des entreprises, parfois malgré elles. Le *Fair-play* avait pour seule ambition d'imposer aux clubs de ne pas dépenser plus qu'ils n'encaissaient ! Quelle révolution !

Lorsqu'il se saisit du projet avec l'objectif plus général de préserver les compétitions européennes et de fixer des règles de gestion égales pour tous et à ce titre durables, Michel Platini est pleinement dans son rôle. En 2010, après le vote de ce principe, il déclare d'ailleurs qu'il s'agit d'« un changement inconditionnel dans l'Europe du football ». En coulisse, des voix proches du président s'empressent de dire qu'il n'y aura pas de passe-droit pour les « grands clubs ». M. Platini est-il pour autant disposé à se passer des équipes les plus prestigieuses dans les compétitions européennes, dont la Ligue des champions, pour éliminer les canards boiteux du foot européen ? Une Ligue des champions sans les grands clubs espagnols et anglais aurait-elle la même attractivité ? Non, Michel Platini, nourrit chaque année le même rêve : une finale de la Ligue des champions entre Barcelone et Manchester United, ou au pire une finale avec Real Madrid, Chelsea ou Milan AC.

L'ancien footballeur vedette était sans doute sincère dans ses premières intentions. Son initiative, malgré ses limites, mérite notre soutien. Le dispositif finalement retenu en 2010 est très en deçà de ses premières ambitions. Le *Fair-play* « a minima » qui nous est proposé aujourd'hui et tel que nous l'expliquons ci-après est l'enfant naturel du lobbying intense des « grands » d'Europe, assez peu empressés de voir l'UEFA, à qui ils paient des cotisations, leur imposer un code de bonne gouvernance. La pression a été particulièrement forte depuis la Grande-Bretagne, l'Espagne et l'Italie, où les acrobaties financières sont souvent les plus spectaculaires. En Italie, comme en Espagne, les clubs ne publient pas de comptabilité, ou si peu ! La première étape de cette « grande lessive » aurait été d'imposer la publication d'un bilan et d'un compte de résultats annuels pour tous les clubs engagés en Champions Ligue ou en Europa Ligue.

Ne croyons pas qu'un football mieux géré serait plus ennuyeux et sans surprise ! Les instances européennes entendaient notamment limiter les achats à crédit : comme l'écrit le journal *Le Monde*, « pour acheter de nouveaux joueurs, il faudra donc utiliser l'argent issu des droits TV, de la billetterie, des produits dérivés, du sponsoring et des primes reversées par les organisateurs de compétition sur une période donnée[1] ». Pas question d'acheter du temps au

1. *Le Monde*, édition du 28 mai 2010.

mépris de la sincérité des échanges pour fausser la concurrence. Il était temps : presque la moitié des clubs engagés en 2010-2011 dans les compétitions européennes, Ligue des champions et Europa Ligue, ne respectent pas les critères financiers prévus par les nouvelles règles. Soit ! On peut admettre que le changement mobilise du temps. Il y a de l'inertie dans toutes les procédures de retournement économique, qu'il s'agisse d'entreprises ou d'État ! Les entreprises de spectacle sportif n'échappent pas à la règle. L'UEFA entendait leur donner un temps d'adaptation. Le *Fair-play* financier a perdu de sa vigueur pour aboutir à un compromis qui ressemble presque à une compromission économique et financière. Qu'on en juge :

Un comité de douze membres issus du sérail, non indépendants de l'UEFA, est appelé à donner un avis au comité disciplinaire de l'association européenne. Celui-ci est juge et partie. On peut parler d'« audit maison », conduit par des pairs.

Les mauvais élèves en matière de gestion peuvent compter sur une série de parachutes avant le « crash ». Première étape pour obtenir le label *Fair-play* indispensable pour s'engager dans les compétitions européennes, les clubs fournissent des informations au comité ad hoc qui examine le dossier sur la base de quatre critères[1] :

1re étape

Inquiétude sur la poursuite de l'activité
Fonds propres négatifs
Déficit d'exploitation
DETTES IMPAYÉES

Si le candidat chute sur *l'un* des points de ce premier tamis, l'UEFA lui offre une deuxième chance. Si le présent est mauvais, convoquons l'avenir :

2e étape

Information sur l'exploitation actuelle
Information sur l'avenir financier
DETTES IMPAYÉES

1. Source : UEFA 2010.

Dans cette deuxième étape, les perspectives financières (point 2) peuvent offrir une porte de sortie. Si vous promettez que tout ira mieux demain, l'UEFA vous apportera son blanc seing. En revanche, l'association qui craint par-dessus tout le risque systémique ne fera aucun compromis sur les dettes impayées. Dans le système actuel, organisé autour de la formation, de la vente et de la revente de joueurs, le modèle des rétro-commissions peut être un poison mortel si un des maillons de la chaîne est défaillant. L'UEFA lutte ici contre le risque d'effondrement du marché.

3e étape

Informations sur l'avenir financier
Exploitation cumulée sur 3 ans
DETTES IMPAYÉES

Si ni le présent ni l'avenir ne disent rien de bon, revenons sur le passé. L'UEFA propose une nouvelle porte de sortie pour « entrer » dans des critères de fiabilité financière de plus en plus larges : examiner les comptes sur les trois dernières années en consolidant les comptes de A, A-1 et A-2. Dans une quatrième étape, l'UEFA propose de mobiliser les exploitations des quatre dernières années pour sauver tous ceux, nombreux, qui n'auraient pas satisfait aux critères de gestion.

4e étape

Volume et TENDANCE
Exploitation A+1
Endettement
Taux de change (UK)
Divers

Cette fois, la boucle est bouclée. Les masques tombent et les ambitions déclinent : pour obtenir le label, on peut se prémunir de la tendance *(quantum and trend)*. Si un club présente un déficit compris entre un et deux ans de chiffre d'affaires et que d'une année sur l'autre, il a réduit son endettement à seulement un an d'exploitation, la tendance sera jugée satisfaisante et il obtiendra son label.

Croissance appauvrissante

Voilà pour les coulisses. Officiellement, l'UEFA communique sur les déficits des clubs et rappelle qu'ils devront être réduits progressivement d'ici à 2017. Il est important de soutenir Michel Platini dans son rôle de « Monsieur Propre » du football européen, même si les réformes sont encore timides. Encore un effort, monsieur Platini, et vous aurez fait gagner le football !

Quoi qu'il en soit, les règles de gestion des flux financiers devront être normalisées pour tous. Les injections d'argent frais sont spécialement visées à travers cette mesure. L'ambition de l'UEFA est de constituer des tours de table solides et durables et d'éviter le rinçage d'argent gris dans les entreprises de football, une tentation à laquelle le secteur du football n'échappe pas plus que les autres. Les mesures prises dans ce sens sont à l'évidence des mesures de bonne politique. D'ailleurs, comme le répète Michel Platini, le *Fair-play* financier ne vise pas à pénaliser les clubs, mais au contraire à les libérer. Le déni de réalité a été, pour beaucoup d'entre eux, la seule stratégie de croissance, une croissance en réalité « appauvrissante » qui a creusé les déficits et accéléré le rythme des pertes. Il était nécessaire d'y mettre fin.

Le football anglais, sans doute le plus attractif en termes de spectacle, est aussi celui qui inquiète le plus les dirigeants de l'UEFA. Le cas le plus à risque est celui du club londonien de Chelsea, lourdement déficitaire, qui ne doit sa survie qu'à la volonté de son seul propriétaire, Roman Abramovitch. Si demain, pour une raison ou pour une autre, ce dernier se montrait défaillant, l'effondrement de Chelsea aurait des conséquences sur l'ensemble du marché. L'impact sur les créances de transfert constituerait une bombe à retardement pour de nombreux clubs intermédiaires. La danseuse d'Abramovitch est un danger potentiel (et potentiellement mortel) pour tout le football anglais. Le cas de Manchester et Liverpool est moins alarmant, mais n'en reste pas moins préoccupant. Les deux clubs « en rouge » du nord de l'Angleterre ont été repris par des actionnaires étrangers. Ces investisseurs financiers « classiques », Glazer d'un côté et Hicks and Gillett de l'autre, ont fait supporter aux deux clubs la charge de la dette et une partie de l'effet de levier qu'elle suppose. À Manchester, le LBO (achat par emprunt) est porté par l'entreprise rachetée, et à Liverpool, les dettes ont été logées dans la holding. Les nouveaux propriétaires peuvent consolider les comptes, c'est finalement le club qui paie. Notons par ailleurs que M. Gillett est un investisseur chevronné dans le domaine sportif : le Gillett stadium de Foxboro dans le Massachusetts accueille plusieurs clubs sportifs dont il est le propriétaire. Son investissement dans le football anglais est donc un habile compromis entre intérêt et passion.

L'UEFA et son président avaient de grandes ambitions avec le *Fair-play* financier. Qu'en reste-t-il ? Le sentiment assez largement partagé qu'il existe, dans le football professionnel comme ailleurs, de « bonnes » et de « mauvaises » dettes. La bonne dette, selon l'UEFA, est celle qui finance la formation et les actifs corporels, comme les installations immobilières. La « mauvaise » dette est celle que les clubs mobilisent pour acheter des joueurs à prix d'or. Les clubs français n'en sont d'ailleurs pas tout à fait à l'abri. Compte tenu de leur niveau d'endettement et de leur modèle économique, « des clubs comme Lyon ou Marseille sont contraints de vendre un ou plusieurs joueurs chaque année pour un montant de 30 millions d'euros à Lyon et de 20 à 25 à Marseille, explique un des dirigeants de la DNCG. À défaut, le risque financier est important pour les deux Olympiques. » À l'issue de la saison 2010-2011, Lyon n'est pas passé loin de l'accident industriel grave. L'OL s'est qualifié pour le tour préliminaire de la Ligue des champions lors de la dernière journée de Ligue 1 en s'imposant fin mai à Monaco 2 buts à 0, puis pour la Ligue des champions en battant les Russes de Rubin Kazan, lors du tour préliminaire en août 2011.

Endettement
des « championnats professionnels »

France	94 M€ en Ligue 1
Allemagne	500 M€ (incluant les équipes de D2)
Angleterre	3,7 milliards d'€ pour la Premier League

Source : Pascal Perri, 2010, d'après les chiffres de la Fédération.

Et les clubs français ?

Dans la vie des affaires, les autorités de gestion ou de régulation disposent de ratios qui permettent d'appréhender la situation des entreprises sur chaque marché concerné. Il en est un qui plaide en faveur du football professionnel en France, c'est le ratio d'endettement sur fonds propres. Les fonds propres sont constitués des réserves permanentes qui sont la propriété des entreprises. L'endettement des clubs français est de l'ordre de 94 millions d'euros pour environ 190 millions d'euros de fonds propres.

Si l'on regarde l'exploitation des clubs de Ligue 1 et 2 en France, la photographie comptable est beaucoup moins inquiétante qu'ailleurs. Mais comme le déficit cumulé du football professionnel français est de 130 millions d'euros, il convient d'en comprendre les causes.

Paradoxe

Le championnat anglais de *Premier League* présentait en 2009-2010 un excédent d'exploitation. Il faut distinguer l'exploitation de l'endettement. L'exploitation ne tient compte que des engagements de l'exercice en cours. Une entreprise en faillite (quand le passif exigible est supérieur à l'actif disponible) peut présenter un résultat d'exploitation courante positif.

Bundesliga	138 M€
Pr. League	101 M€

Beaucoup moins endettée que la *Premier League* anglaise, la Ligue 1 perd de l'argent (en cumulé) en raison de charges trop lourdes, dont celles des salaires. La situation d'endettement des clubs français n'a en revanche rien de comparable avec celle du championnat professionnel anglais.

Série A	Perte 100 M€
Ligue 1	Perte 100 M€

Ce que montre le modèle français, comme nous l'expliquions en classant les clubs en « chasseurs » et en « éleveurs », c'est que nos clubs sont plutôt dans la seconde catégorie. Les transferts de joueurs permettent aujourd'hui d'équilibrer des comptes qui, sans cette activité d'« élevage », seraient déficitaires. Cette situation comporte des avantages et des inconvénients : la Direction nationale du contrôle de gestion fait observer que les transferts ont permis de cacher les pertes d'exploitation. Il existe donc un réel risque systémique si les clubs « chasseurs » décident de ne plus investir. Au fond, si les mécènes que sont M. Abramovitch et consorts cessent d'investir dans leurs clubs, qui eux-mêmes cesseront d'investir auprès des autres clubs de football (en achetant des joueurs), alors tout le système peut s'effondrer. Les pertes cumulées de la Ligue 1 ont atteint 114 millions d'euros en 2010, selon les chiffres de la DNCG. Les limites de l'élasticité ne sont pas loin. D'autant que l'étude des chiffres montre un dérapage de la dépense principale, celle des salaires : depuis 2008, ils sont supérieurs de 20 % aux prévisions budgétaires. Dans son rapport pour accroître la compétitivité du football français rendu au Premier ministre en 2008, le secrétaire d'État à la Prospective économique Éric Besson notait déjà que l'augmentation des droits TV pour les clubs avait été exclusivement absorbée par l'augmentation des salaires des joueurs ! Dans une perspective de bonne gestion à l'échelon européen, les clubs français, plus sains et moins endettés que beaucoup de leurs voisins, ont tout intérêt à tenir le coup. À quelques mois des échéances du *Fair-play* financier [1], le football français doit à tout prix confirmer ses ambitions de bonne gestion.

L'immense majorité des clubs français est bien gérée. En dépit de vents contraires, le football professionnel en France assume son statut de grand secteur de l'économie moderne. Le cas de Lyon, club-entreprise par excellence, pourrait servir de modèle. Jean-Michel Aulas, le président de l'OL, chef d'entreprise chevronné dans le secteur de l'informatique, a choisi de « constituer et de valoriser une marque internationale [2] ». Les dirigeants actuels sont « partis d'une feuille blanche », explique-t-il. Pour vivre, une grande marque a besoin de succès et de

1. Le règlement du *Fair-play* financier a été publié en 2010 et s'appliquera à partir de la saison 2012.

2. Entretien avec Jean-Michel Aulas le vendredi 29 avril 2011.

notoriété, mais « quand on ne peut pas compter sur un grand palmarès passé, il faut le construire, poursuit le président de l'OL. Nous avons misé sur une académie de haut niveau, sur un centre de formation, nous avons créé les conditions pour développer de la valeur en dehors des joueurs eux-mêmes. » Le modèle économique de l'OL était équilibré jusqu'à la saison 2009-2010. Le palmarès français de Lyon reste inégalé, mais il fallait franchir une étape supplémentaire et réaliser un grand parcours européen. Pour aller le plus loin possible dans la *Champion's League*, les dirigeants lyonnais ont voulu conserver tout l'effectif sportif. La pure logique économique aurait été de céder (au moins) un joueur pour un montant de l'ordre de 30 millions d'euros sur le marché des transferts. Quand « on joue la gagne », dit Jean-Michel Aulas, on conserve toutes ses forces. Les actionnaires ont assumé leur choix et financé sur leurs fonds propres l'achat de Yoann Gourcuff pour 24 millions d'euros. En attendant le nouveau stade des Lumières qui devrait générer entre 40 et 80 millions d'euros de revenus supplémentaires par an après l'Euro 2016, Jean-Michel Aulas avoue que les trois saisons qui viennent seront périlleuses. Il conviendra d'assumer un statut à vocation européenne sans pouvoir compter encore sur les recettes d'un grand stade. L'OL a puisé dans ses réserves de trésorerie estimées à 160 millions d'euros en 2008-2009. « Nous regardons ce qui se passe à Arsenal ou au Bayern où le poids de l'infrastructure dans la performance économique est essentielle, commente Jean-Michel Aulas. Dans les années qui viennent, Lyon pourrait ressembler à ces grandes écuries européennes. » De tous les clubs français, l'OL est sans doute celui qui porte le projet d'entreprise le plus global. Lyon travaille inlassablement à la création d'une marque internationale qui permettrait de produire de nouvelles recettes, par exemple dans le champ des transferts de technologie. Le club a vendu son savoir-faire à Dubaï avec un centre de formation sur le modèle de celui de l'OL, Abou Dhabi pourrait être le prochain, et une convention a été signée avec le Lokomotiv de Moscou. L'enjeu est ici de créer de la valeur ajoutée autour de transferts de technologie. « La marque que nous créons est internationale, commente le président du club, car le marché du football n'a pas échappé à la mondialisation.

Il se déplace aussi vers l'Asie. Nous sommes certes un club européen, mais la marque, elle, doit être internationale pour pouvoir s'exporter partout, notamment dans les nouveaux territoires du football, où son savoir-faire sera valorisable. » À ce jour, l'actif net des joueurs du club représente une enveloppe de 100 millions d'euros et porte à peu près l'équivalent en plus-values latentes. Grâce au financement de la Bourse (90 millions d'euros obtenus sur seulement 30 % du capital), et grâce à une politique de diversification de ses revenus, adossée notamment à la construction du grand stade propriété du club, l'Olympique lyonnais entend s'inscrire dans la durée. Le club ne bénéficie encore pas de l'engouement populaire suscité par d'autres marques du foot français, plus anciennes, comme Marseille, mais la gouvernance actuelle voit loin. Lyon montre qu'un club de football doit être tout à la fois une grande marque et une grande entreprise.

À côté du modèle lyonnais, le football français produit aussi, ou a produit, des clubs « star ». Ils ont un rôle à jouer et leur présence dans le championnat est une contribution essentielle. De ceux-ci, le Paris-Saint-Germain est sans doute l'exemple le plus emblématique. Ses bons résultats sportifs, cette saison 2010-2011, doivent plus à des choix tactiques efficaces qu'à ce qui brille. Aujourd'hui, pour assurer son avenir, le PSG entend aussi rénover son outil de production : le fonds d'investissement Colony Capital, associé au Groupe Vinci, avait prévu d'injecter 100 millions d'euros pour faire des travaux d'amélioration au Parc des Princes si le bail est renouvelé en sa faveur. Depuis, Colony a cédé ses parts à un fond d'investissement du Qatar.

En 2006, lorsqu'un tour de table constitué des investisseurs Colony, Morgan Stanley et Walter Butler reprend le PSG, le précédent propriétaire du club, Canal+, avait investi et perdu plus de 230 millions d'euros en huit ans : le prix de reprise était donc très faible, et les nouveaux actionnaires avaient pour ambition de réaliser une plus-value importante. Le club pouvait en effet être ambitieux : il s'était associé à un sponsor solide, la compagnie aérienne Émirates, et portait depuis ses origines le nom d'une des villes les plus connues au monde. La logique spéculative imposait cependant des résultats rapides.

Les erreurs de recrutement, la valse des entraîneurs et une gouvernance inappropriée ont, malgré ces perspectives, assombri le ciel parisien. Le PSG s'est longtemps efforcé d'acheter son modèle à coup de recrues marketing, une stratégie certes plus rapide que la feuille de route lyonnaise qui ne peut s'inscrire, elle, que dans la durée, mais qui ne réussit pas à chaque fois : en dépit de quelques trophées, le club n'est pas encore parvenu à se hisser durablement dans l'élite du football français.

L'arrivée de Robin Leproux à la tête du club en 2009 lui a redonné de la stabilité. Dans toute entreprise, *a fortiori* un club de football, l'incertitude est la plus mauvaise des conseillères. Les grandes entreprises se construisent dans le temps. Le feuilleton parisien n'est cependant pas terminé. Un fonds d'investissement qatari a racheté 70 % du PSG fin mai 2011. Des personnalités, dont des ministres, se sont indignées que les nouveaux propriétaires du PSG aient une origine qatarie, comme si cet argent-là était frappé d'indignité ! Personne ne s'était ému que les précédents propriétaires du PSG fussent majoritairement américains ! L'intérêt des investisseurs originaires du Golfe donne déjà deux indications : fidèles à leur stratégie, les pétromonarchies achètent de la culture ou du spectacle *off shore*, comme le font tous les pays dépourvus de marché intérieur ou de patrimoine. Mais, deuxième leçon, l'arrivée d'investisseurs orientaux montre bien que le marché du football s'élargit et se déplace vers l'Est. Comment ne pas rapprocher la politique d'investissement des Qataris en France (et en Europe) de la décision de la Ligue de football de céder la commercialisation des droits audiovisuels de la Ligue 1 monde (hors France) au groupe audiovisuel Al-Jazira pour la période 2012-2018 ? Les dirigeants de la LFP, autant que ceux du PSG, ont compris que le football est désormais un jeu mondial. Il suffit de lire une carte de la démographie asiatique pour comprendre. Dans ce contexte, Paris est en soi une formidable marque internationale. La capitale mérite un très grand club. Son marché, sa zone de chalandise peuvent assumer des ambitions européennes. Cité par le magazine *Challenges*, Vincent Chaudel, spécialiste de l'économie du football, estimait en janvier 2011 que le PSG avait tout à fait le potentiel économique pour figurer dans le top 20 européen.

Idée reçue n° 3

Le football français vit sur l'argent public

« Le football est une activité portée à bout de bras, mal organisée, et les joueurs ne payent pas assez d'impôts. »

Le football est en France, de manière surprenante, une des activités économiques les moins subventionnées. Nous verrons plus loin que le solde financier entre ce qui est versé directement ou indirectement aux clubs et ce qui est payé par le football professionnel à la collectivité est très largement en faveur de la collectivité ! Mais c'est tellement plus simple de passer cette réalité incontestable sous silence.

Tout d'abord, la question que nous nous posons tous est de savoir si, en l'état actuel des rapports de force financiers, un club français est en mesure de gagner la Ligue des champions. La question est d'autant moins incongrue que les footballeurs français s'illustrent dans les grands championnats. Les clubs se les « arrachent » à prix d'or, ce dont nous devrions être fiers. Sur le plan sportif, nous avons toutes les raisons de croire qu'une bonne alchimie des meilleurs Français dans des clubs français hausseraient durablement le niveau de jeu de notre championnat et soutiendraient la compétitivité de nos meilleures équipes dans les championnats européens. Demandons-nous éventuellement ce qu'il faudrait faire pour retenir tous ces talents, plutôt que de leur jeter la pierre en cas de départ.

Nous serons tous d'accord pour convenir que le talent a un prix. L'argent perçu en contrepartie d'une prestation est un profond marqueur du marché des talents. Mais que peut faire le football français pour être plus efficace avec les ressources dont il dispose, et comment favoriser son développement en adaptant les règles fiscales en France ? Un économiste aussi réputé que le Professeur Paul A. Samuelson considérait, dans sa première leçon donnée aux étudiants du M.I.T (Massachusetts Institute of Technology), que la science économique avait pour vocation de gérer avec efficacité des ressources rares. C'est cette équation que la France doit résoudre.

Écartons d'emblée un contre-argument qui ne manquera pas d'être soulevé : si les Anglais y parviennent, pourquoi ne pas réussir chez nous avec les mêmes méthodes ? Le modèle anglais du football professionnel est anglais ! Il n'a pas vocation à être importé en France. Il s'agit plutôt de savoir mieux lutter avec nos armes pour conserver nos talents en France.

Le rapport Besson de 2008 suggérait la création d'une DNCG européenne sur le modèle français. Cette idée, appuyée notamment par Michel Platini, est bonne, mais que faire en attendant ? Éric Besson avait bien conscience que des mesures s'imposaient pour améliorer rapidement notre modèle. Ses conclusions pointaient entre autres le statut de nos infrastructures, en particulier des stades, qui sont la propriété des collectivités locales et non des clubs. Les stades peuvent être considérés comme des actifs de production des clubs, mais ils n'en sont pas les détenteurs. Le désormais ex-parisien Robin Leproux fait observer qu'il ne pouvait vendre aucune loge, le Parc des Princes, qui appartient à la Mairie de Paris, en étant dépourvu. M. Leproux rêvait alors d'un stade qui serait aussi un centre de vie, avec des restaurants, des cinémas, des rendez-vous culturels et sportifs : la conjonction d'activités additionnelles est en effet créatrice de valeur autour du football. Il est grand temps de pousser les murs pour créer de vraies enceintes sportives et culturelles. Un stade uniquement dédié au football sert, au mieux, une fois par semaine. L'intensité d'utilisation de l'infrastructure est ridiculement faible. Elle représente un coût que les contribuables ne devraient pas avoir à supporter. Dans l'Europe de la compétition, le temps n'est plus aux buvettes improvisées et aux tombolas. Les clubs ne demandent qu'à être propriétaires de leurs infrastructures.

Au-delà, les clubs français traînent une série de handicaps compétitifs par rapport à leurs concurrents européens. Lesquels ?

Un statut encore napoléonien

En France, l'État reste dans de nombreux secteurs omniprésent et tutélaire. Il régit, réglemente, organise, contrôle, sanctionne. Il s'occupe de tout. Rétroactivement, on peut d'ailleurs se demander si la politisation excessive du football n'est pas pour quelque chose dans le débat sur les quotas précédemment mentionné, qui a empoisonné le climat autour de la sélection nationale en mai 2011. La « vision colorimétrique » portée sur le football fait curieusement écho au débat sur l'identité nationale. Que cherche-t-on exactement ? Simplement de bons joueurs de football – auquel cas le politique n'a rien à faire dans le sport. Nous ne sommes pas au Liban, où l'équipe nationale devait représenter les différentes communautés au prorata de leur importance numérique. Un tel débat semblerait impensable dans un autre pays que le nôtre : en France, tout semble se passer comme si l'État avait pour mission de dire le bien et le mal dans tous les secteurs de la vie publique, y compris le football. Si la question n'était pas dramatique, on pourrait sourire en réécoutant le chant des vierges, toutes ces âmes bien-pensantes, artistes, intellectuels, élus de tous bords, et d'abord des bancs de la gauche bobo scandalisés par l'idée des quotas ! L'Assemblée nationale, la maison du peuple français, avec une moyenne d'âge de cinquante-huit ans, blanche, provinciale, masculine, est-elle la représentation fidèle de notre société ? Et qui distribue les investitures, si ce ne sont les partis politiques et leurs dirigeants, que l'on a beaucoup entendus, précisément, jeter l'anathème sur le football à l'occasion de ce débat ! Le scandale réside d'abord dans les postures des acteurs, observateurs et commentateurs : une fois encore, le football n'est ni raciste, ni immoral, il est un reflet de notre temps et de nos propres psychoses. Mais, pour en revenir au fait, on comprend bien sûr l'action de l'État lorsqu'il s'agit de fonctions régaliennes – défense nationale, sécurité intérieure, diplomatie, monnaie, etc. Quand il s'agit de football, la justification est moins évidente.

Pour aller directement au fait, le modèle français est celui du monopole public de la gestion du sport. Ce modèle repose sur l'idée que le sport d'élite est au fond l'émanation du sport de masse. L'État se charge de répartir les moyens sur l'ensemble du territoire, dans la sphère publique, les écoles, les associations, pour garantir à chacun un accès égal aux activités physiques et sportives dont émaneront plus tard les élites. Il est incontestable qu'une bonne politique publique du sport concourt à la formation des champions dans toutes les disciplines, mais la question se pose de savoir si la gestion du sport professionnel est une attribution naturelle de l'État.

Concrètement, le ministère de la Jeunesse et des Sports exerce la tutelle de l'État sur l'organisation de la pratique sportive. Il confie la mission de mettre en œuvre cette pratique à la Fédération française de football dans le cadre d'une délégation de service public. Puis la Fédération délègue à son tour l'organisation des compétitions professionnelles à la Ligue nationale de football. La Ligue organise et contrôle les championnats des deux premières divisions, toutes deux professionnelles, et elle étend sa compétence aux clubs du championnat national, restés professionnels, à l'issue de leur rétrogradation en Ligue 2. Ces clubs peuvent choisir de conserver leur statut professionnel pendant deux ans, dans un championnat qui ne l'est pourtant pas. Les Allemands, confrontés à la même difficulté, ont tranché le problème en professionnalisant leur troisième division. Dans le championnat national français, on voit donc cohabiter des équipes du champ professionnel et des équipes amateurs qui proposent des contrats fédéraux à leurs joueurs. Ces contrats d'amateur n'offrent que des garanties minimum et sont modestement rétribués (entre 3 000 et 10 000 euros par mois pour les mieux rémunérés). Le National est une division exigeante et incertaine. Elle symbolise assez nettement cet « entre deux » très français, entre tentation professionnelle et contraintes du monde amateur. Le fossé financier et sportif qui sépare le National de la division supérieure est tout à fait significatif. Les droits TV distribués assez généreusement en Ligue 2 sont insignifiants dans la division inférieure. La chute de recette peut être mortelle. C'est pourquoi les clubs relégués de la Ligue 2 vers le National reçoivent une prime de relégation destinée à compenser la baisse de leurs recettes. Sur le plan sportif, le niveau technique du National est rudimentaire. On y croise d'anciens professionnels qui terminent leur carrière, des « relégués » des centres de formation des grands clubs, des joueurs étrangers, souvent d'Afrique ou d'Europe de l'Est, qui cherchent à faire carrière en France. Cet univers « tampon » entre le monde professionnel et les championnats amateurs du CFA (Championnat de France amateur) est très hétérogène. Comment en effet comparer le club corse de Bastia qui a joué une finale de championnat d'Europe, celui de Guingamp, ancien pensionnaire de la Ligue 1 et vainqueur de la Coupe de France, et les Pyrénéens de Luzenac ou les Provençaux de Fréjus ? Pour stimuler la compétition, cette division devrait être transformée en championnat authentiquement professionnel, quitte à réduire le nombre de clubs et à mobiliser le concours financier de partenaires privés, comme c'est le cas en Grande-Bretagne.

En Allemagne, l'organisation du football professionnel fait actuellement l'objet d'un débat entre le pouvoir politique et un groupe de clubs de Bundesliga soutenus par de grandes entreprises. Comme en France, la Fédération est mandatée par le ministère des Sports qui dépend du ministère de l'Intérieur pour organiser les compétitions. La Fédération subdélègue à la Ligue les championnats professionnels, mais elle occupe 50 % des sièges du Conseil d'administration de celle-ci. Outre-Rhin, c'est plutôt le statut des clubs qui fait polémique. Ces derniers sont organisés autour d'associations. Les plus riches voudraient abolir la règle qui limite la participation d'investisseurs privés dans la géographie du capital. Ce modèle semble évoluer vers l'association durable entre les clubs et de grands groupes industriels, dans l'esprit des politiques de *naming* mises en œuvre pour les stades[1].

En Grande-Bretagne, c'est une société de droit privé qui gère les championnats professionnels. Une société purement commerciale *ad hoc* est chargée de la *Premier League*, principale source de revenus du secteur ; les autres divisions sont administrées par la société commerciale gestionnaire, elle-même propriété partagée des clubs. Le modèle anglais a organisé un système de mutualisation du risque pour limiter le risque systémique. Dans le championnat

1. Le *naming* consiste à associer le nom d'une marque à un stade, laquelle marque participe au financement du club.

anglais, le danger provient des dettes de transferts. Les clubs se vendent entre eux des joueurs à crédit (le paiement est étalé dans le temps). Si un des maillons vient à être défaillant pendant la période de règlement de la créance, c'est tout l'édifice qui est en péril. Quand l'équipe de *Premier League* de Portsmouth a déposé le bilan, la caisse de prévoyance des clubs professionnels a indemnisé les créanciers de l'entreprise en faillite. Le système a généré son propre contrepoison, mais à ses frais. Chelsea n'est cependant pas Portsmouth. Que se passerait-il si un tel club, engageant des lignes de crédit très élevées, était défaillant ? La dose d'antidote pourrait bien se révéler fatale pour toutes les cellules du système !

Un système fiscal pire que le système commun

En période de crise, le football est une proie facile. On dénonce quelques salaires élevés, on dénonce une équipe qui perd incluant ces salaires élevés (il y a forcément des équipes qui perdent !), et on crie au scandale. La recette est simple, efficace, électoraliste au possible.

Le droit à l'image collectif, plus connu sous le nom de DIC, est un dispositif social adopté en 2005. Il permettait (car il convient maintenant d'en parler à l'imparfait) d'exonérer des charges sociales 30 % de la rémunération brute des footballeurs (et autres sportifs professionnels) quand celle-ci dépassait trois fois le plafond de la sécurité sociale pour le football et deux fois seulement pour les autres sports, soit 5 556 euros par mois. Le DIC n'a jamais été une niche fiscale comme l'ont prétendu des élus, parlementaires ou sénateurs, et certains responsables politiques soucieux de donner le change lors du débat sur le « rabotage » des niches fiscales en 2009. Le DIC avait été mis en place pour aligner le régime fiscal des footballeurs avec les mannequins, afin de tenir compte de la valeur de leur image et, par là même, de réduire le différentiel de compétitivité par rapport aux clubs étrangers. *In fine*, l'objectif était d'éviter ou plutôt de limiter l'hémorragie de nos meilleurs talents, souvent formés dans nos écoles de football. Son coût pour la collectivité a donné lieu à des estimations très diverses : le DIC aurait représenté 30 millions d'euros par an de manque à gagner selon le député Yves Burr ; pour la Cour des comptes, il grevait de 95 millions d'euros le budget de l'État ; le rapport Besson estimait pour sa part qu'il rapportait 23 millions d'avantages aux clubs en 2008 [1]. En 2008-2009, selon une étude de la Ligue de football, les économies de charges patronales pour les clubs avaient été de 38 millions d'euros. Aujourd'hui, compte tenu de l'évolution de la masse salariale, le Droit à l'image aurait constitué un allègement de charges de l'ordre de 40 millions d'euros par an. Le gain net par joueur (il s'agit d'une moyenne) était de 1 027 euros pour huit cent soixante-dix joueurs concernés.

J'ai été le témoin d'une grande partie des débats au Sénat en 2009 sur cette question du DIC. Le sénateur socialiste du Nord Michel Sergent, fortement encouragé par son collègue du centre M. Jean Arthuis, a bataillé fermement pour la suppression de ce dispositif. Il fallait avoir la peau d'un symbole, celui de l'argent facile. Le sens de l'équité républicaine aurait exigé de ces mêmes élus qu'ils fournissent tous les chiffres. Le football est un contributeur très important en France. Chaque année, il rapporte autour de

1. Voir rapport Besson page 13.

600 millions d'euros en charges sociales et fiscales à la communauté nationale, c'est-à-dire au budget de l'État. Oui, 600 millions d'euros net pour l'État et donc, autant d'impôts en moins pour nous. Le solde entre le DIC et cette enveloppe est rapidement fait. Mais la démagogie a été plus forte que la transparence des chiffres. Le football professionnel et les footballeurs formaient une cible facile et pouvaient être désignés à l'opinion comme des coupables parfaits. Les élus pouvaient briller sans risque : aurait-on imaginé une manifestation des sportifs professionnels devant le Sénat ou l'Assemblée nationale ? En plein débat, sans doute pressée d'apporter son soutien à la pensée dominante, Roselyne Bachelot, alors ministre des Sports, déclarait que selon elle le DIC n'avait pas joué son rôle. Les Benzema, Nasri, Ribery, Malouda avaient quitté le pays en dépit du dispositif dérogatoire ! Quand on veut tuer son chien, on l'accuse de la rage. Le DIC avait pour ambition de limiter le départ des bons joueurs français. Il ne visait pas à retenir tous les très grands joueurs, nombreux en France. L'écart avec l'Angleterre ou l'Espagne est trop grand. La portée de ce seul

outil aurait dû être relativisée. Étonnante cécité politique : quand ce même gouvernement a mis en œuvre le bouclier fiscal, il a prétendu que cette mesure ferait revenir en France les plus riches contribuables ! On sait que ceux-ci ne sont pas rentrés, mais à Bercy on a expliqué que le bouclier fiscal (même si ce dernier a été remis en cause à l'occasion d'un collectif budgétaire en 2011) avait permis de réduire l'hémorragie. Pourquoi ce qui est vrai pour les riches contribuables ne le serait-il pas pour les footballeurs français ? La vérité est ailleurs : la communauté du football était et reste un coupable idéal. Les élus de la République n'ont pas été capables de mettre en œuvre une politique de prévention des grands risques financiers, pas plus qu'ils n'ont été capables de proposer une règle du jeu pour les revenus les plus élevés des traders, mais ils ont fait la peau de professionnels qui restent en France, payent leurs impôts en France et soutiennent un marché créateur d'emplois et de richesses. Au passage, on notera avec ironie que la représentation nationale a voté à la même époque un dispositif d'avantages fiscaux pour les cinéastes étrangers sur le sol national. Le coût de ce dispositif pour la collectivité a été évalué à 40 millions d'euros par an – à peu de chose près l'équivalent du DIC ! Disons-le clairement, le DIC était important pour les clubs et pour leur compétitivité, il est ridiculement symbolique pour les finances publiques ! C'est une goutte d'eau, comparé au cadeau de 3,5 milliards d'euros qui a été fait aux cafetiers et restaurateurs avec le passage de la TVA de 19,6 à 5,5 % dans leur secteur. C'est le symbole qui a été frappé, sans que les finances publiques françaises aient à en tirer un profit significatif. Le football est paré de toutes les vertus quand l'équipe de France gagne la Coupe du monde, la victoire des Bleus est un soutien à la croissance, mais en période de vaches maigres, il convient de trouver une tête à offrir à l'opinion. Celle du football professionnel était idéale.

En 2004 pourtant, un sénateur centriste, Michel Mercier, notait que « la pression fiscale sur les clubs français est une des plus lourdes d'Europe ». Ainsi, selon une étude publiée en décembre 2001, pour un salaire net équivalent, un joueur français coûte à un club

243 786 euros en charges sociales à son employeur, un joueur anglais 45 547 euros, un joueur italien 24 168 euros, un joueur allemand 13 666 euros et un joueur espagnol 12 337 euros. Dans ces conditions, commentait M. Mercier, « on comprend l'inégalité criante entre clubs européens et notamment entre la France et le reste des grandes nations européennes du football ». Sur cette question particulière du coût global des footballeurs (brut chargé), les études sont rares. Celle menée en 2009 par le cabinet Ernst and Young est sans doute la plus documentée. Elle part de deux hypothèses, la première concerne les joueurs moyens payés 500 000 euros par an, la seconde ceux qui gagnent 2 millions d'euros net par an.

Hypothèse 1. Quel est le coût global pour son employeur d'un footballeur payé 500 000 euros net par an ? Le tableau ci-dessous établit un classement du plus cher au plus économique. Le plus frappant est sans doute l'écart qui sépare la France de l'Allemagne.

France	1 321 735 €
Pays-Bas	1 026 421 €
Italie	1 006 802 €
Angleterre	934 821 €
Allemagne	912 986 €
Espagne	904 075 €

Hypothèse 2. Quel est le coût global pour son employeur d'un footballeur payé 2 millions d'euros net par an ?

France	5 430 423 €
Pays-Bas	4 151 420 €
Italie	3 970 581 €
Angleterre	3 779 811 €
Espagne	3 631 347 €
Allemagne	3 606 467 €

NB : Les Pays-Bas et l'Espagne disposent d'un système de « flat tax » qui permet de réaliser une économie de 30 % aux Pays-Bas et de 25 % en Espagne. Les charges payées par les entreprises sont réduites d'autant.

Cette inégalité est d'autant plus cruelle pour les clubs français qu'ils sont les meilleurs d'Europe en termes de formation. Ce qui se passe dans le football se reproduit d'ailleurs dans de très nombreux secteurs. De plus en plus de jeunes étudiants lauréats des meilleures écoles et des grandes universités vont chercher fortune à l'étranger. Saurons-nous rétablir l'attractivité de notre pays pour nos propres enfants ? « Les clubs professionnels français, continuait alors M. Mercier, ont mis l'accent sur la formation des joueurs. Or cette activité coûte très cher. La France cultive ce paradoxe de former les meilleurs joueurs du monde et d'être la plus grande exportatrice de ces mêmes joueurs. Nous sommes dans l'incapacité de garder l'élite de nos footballeurs au sein de l'Hexagone. Il faut savoir que 78 % des internationaux français ne jouent pas dans un club national alors que cela ne concerne uniquement que 4 % des joueurs italiens, anglais et espagnols. » Il faut rapidement changer de méthode ou renoncer à jouer les premiers rôles. Dans les périodes de crise, les ressources endogènes, c'est-à-dire le produit des Centres de formation, constituent des forces précieuses à ne pas négliger. En mai 2011, alors qu'il devait faire face à une rétrogradation en Ligue 2, le président de Lens, Gervais Martel, précisait qu'il maintiendrait l'effort en faveur du centre de formation du Racing. La formation, c'est ce qui reste quand tout a disparu, à commencer par les droits TV de la Ligue 1. Nous partageons tous l'ambition de rétablir des finances publiques saines, mais l'impôt supplémentaire et les charges additionnelles sont autant de handicaps. Il serait sans doute plus productif de prendre à bras-le-corps la question centrale du poids de la dépense publique en France ; rappelons ici que 56 % du PIB, c'est-à-dire plus de la moitié de la richesse créée par le marché en France, est dédiée à des dépenses publiques.

Le DIC a été supprimé, soit. Qu'il nous soit cependant permis de montrer l'indigence de cette mesure et son caractère paradoxalement contre-productif. Nous savons maintenant que l'écart de compétitivité sociale entre la France et ses principaux concurrents est particulièrement significatif. C'est de l'attractivité française qu'il est question. Pourquoi ? La production de services ou de biens corporels repose sur deux facteurs : le capital et le travail. Le travail est un flux, il ne se stocke pas mais dans le cas du football, il se délocalise. Le capital, lui, est par nature mobile, il circule librement. À l'inverse du flux, il constitue un stock. Or, sur un marché ouvert comme celui du football en Europe (voir l'« Arrêt Bosman » de la CJCE précédemment cité), le facteur de production « travail » est directement lié à l'attractivité du marché local. Il va là où ses conditions d'utilisation sont les plus efficaces. Dans de telles conditions, en supprimant le DIC, les parlementaires ont aggravé les faiblesses du modèle français. Ils pénalisent des entreprises non délocalisables et provoquent, sur un marché libre, le départ de leurs meilleurs éléments vers des marchés polarisants. Le tableau comparatif ci-dessous n'est d'ailleurs rien d'autre que la traduction de cette loi économique naturelle. La Grande-Bretagne compte deux fois plus de clubs professionnels de football que la France.

Nombre de clubs professionnels

Angleterre	92
France	43
Allemagne	54
Espagne	42 et +
Italie	132
Pays-Bas	36 et +

NB. L'Espagne et l'Italie comportent un nombre variable de clubs professionnels en troisième division.

Idée reçue n° 4

On ne fait rien pour améliorer nos stades

« On est mal assis, l'animation ne vaut rien, les stades sont trop vieux. »

Dans leur immense majorité, les clubs français ne sont pas, comme nous l'évoquions plus haut, propriétaires de leurs stades. En 2008, seuls Auxerre et Ajaccio possédaient cet outil de production. Le stade est l'infrastructure de base sans laquelle aucune activité de spectacle n'est possible. La posséder est essentiel. À chaque espace correspond une activité, et dans le cas du football, spectacle populaire, la propriété de l'outil influence directement la politique d'image et le marketing de l'entreprise.

Chacun sait qu'on ne se comporte pas de la même façon suivant qu'on est locataire ou propriétaire !

C'est une évidence de le rappeler, mais le tableau ci-dessous devrait donner à réfléchir. Si nous cherchons par tous les moyens à accroître et à diversifier les ressources du football, commençons par le plus simple, et le plus régulier en termes de flux : les recettes du guichet. Ce qui frappe dans ce « bilan » du mérite économique des fréquentations de stade, c'est l'écart relatif de fréquentation entre Marseille, Bayern ou Arsenal et l'écart décisif entre les revenus générés par ces fréquentations. J'entends par « mérite économique » le fait qu'un siège à Arsenal génère quatre fois plus de revenus qu'à Marseille. On constate que lorsque l'écart de fréquentation entre Arsenal et Marseille montre une élasticité de 14 %, l'écart de revenu présente une élasticité de 75 %.

Mérite économique des fréquentations de stade en Europe

	Fréquentation moyenne par match	*Revenu annuel*	*Revenu unitaire*
Manchester United	75 000	127,7 M€	1 694 €
Arsenal FC	60 000	117,5 M€	1 958 €
Real Madrid	70 000	101,4 M€	1 448 €
Bayern Munich	60 000	60,6 M€	1 010 €
Hambourg FC	55 000	50,5 M€	918 €
Olympique de Marseille	52 000	25 M€	480 €

Source : Pascal Perri, d'après les chiffres des clubs 2009-2010.

Pour remplir le stade Vélodrome, l'Olympique de Marseille a dû accepter de dégrader sa recette unitaire. Autrement dit, Marseille doit vendre ses places, et notamment celles situées dans les « virages », populaires, à des prix très en dessous du marché européen pour un tel niveau de compétition. Les associations de supporters à qui l'OM a concédé la vente au détail de ces places ne s'en plaindront pas puisque ces associations perçoivent un revenu sur chaque abonnement et sur chaque place vendue. Les associations de supporters, essentielles dans la géopolitique locale, y gagnent en principe ce que le club y perd. Pourquoi en principe ? À Marseille, l'engouement autour de l'équipe locale est particulièrement massif. Or, plus on baisse le prix, plus on élargit le marché en offrant aux supporters des opportunités de consommation supplémentaire. Pour les plus modestes, les abonnements commencent à 150 euros pour une saison. En Grande-Bretagne pour le même prix, on peut voir une rencontre de gala entre Chelsea et Manchester United – sans toutefois espérer se trouver aux meilleures places ! Une saison contre une rencontre. L'écart de prix correspond bien sûr à un écart de revenu pour les clubs. Comment expliquer ce phénomène ? En Grande-Bretagne, notamment dans les très grands clubs, la demande de places est très dynamique. Les équipes londoniennes, Manchester, Liverpool et même des clubs de deuxième division vendent des abonnements à l'année qui représentent entre 50 % et 70 % des places disponibles [1] dans les stades. Ces abonnements forment une offre

1. Vincent Chaudel, Ineum Consulting parle de 80 % des places disponibles.

globale à prix discount, mais ils ont aussi pour effet de doper la demande et de faire monter le niveau tarifaire moyen. À Marseille, dans ce club qui peut être considéré comme le plus populaire de France (au sens du volume de fréquentation), l'enjeu prioritaire n'est pas de vendre au meilleur prix, mais de remplir le stade.

Dans les activités de service, et notamment dans les activités où la production ne se stocke pas [1], les opérateurs utilisent la technique du Yield management évoquée plus haut. Derrière cet anglicisme se cache une arme redoutable pour arbitrer le jeu de l'offre et de la demande. Il s'agit tout à la fois d'éviter le risque de l'invendu et de soutenir le niveau moyen de la recette unitaire, autrement dit vendre le maximum, au prix que le marché est prêt à payer en temps réel. Dans le cas de l'Olympique de Marseille, le scénario du Vélodrome plein à craquer est une arme de la stratégie sportive. Quitte à baisser le prix moyen, il est essentiel de remplir le stade. Le prix bas est un élément rendu nécessaire par

1. Quand une rencontre est terminée, si une place n'a pas été vendue, elle est perdue. C'est pourquoi on parle de production non stockable.

l'ambition du volume, mais aussi, dans une certaine mesure, en raison du confort spartiate de cette enceinte. Le stade du club le plus populaire du pays est aussi l'un des plus inconfortables des grands d'Europe.

La question immobilière est centrale dans le modèle du football professionnel. C'est non seulement dans les stades que se joue l'avenir sportif de nos clubs, mais c'est là aussi que se noue leur solidité financière pour les vingt ans qui viennent. Trop dépendants des droits TV, les clubs français n'ont d'autre choix que de développer des sources de financement alternatives. L'enjeu de la recette guichet est essentiel pour gagner du confort financier.

L'exemple allemand est là encore instructif. En 1998, la France gagne la Coupe du monde de football, mais 80 % du budget immobilier consacré à l'événement a été consommé par la construction du stade de France, sans club résident. À l'issue du mondial, la fréquentation moyenne par match dans les stades de Ligue est passée de seize mille en moyenne à environ vingt mille avant de redescendre en dessous. Il n'y a pas eu d'effet d'aubaine pour le football professionnel français. Au terme de la saison 2010-2011, le taux de remplissage des stades est tombé à 69 %, soit une moyenne encore sous le seuil des vingt mille spectateurs. C'est une affluence moyenne de Ligue 2 anglaise ! La situation ne devrait pas s'améliorer en 2012 compte tenu de la montée en Ligue 1 de deux clubs dépourvus d'infrastructures d'accueil dignes du haut niveau. L'A.C Ajaccio et son stade François Coty de huit mille deux cents places, battu par les vents et le crachin entre novembre et mars, et l'équipe d'Évian Thonon Gaillard, domiciliée au Parc des sports d'Annecy, vont mécaniquement tirer la moyenne vers le bas.

En 2006, l'Allemagne organise la Coupe du monde. Elle ne la gagne pas, mais le football allemand en recueille les fruits sur le long terme. Les Allemands partaient d'une moyenne de spectateurs par match supérieure à la nôtre, autour de vingt mille personnes en moyenne en première division. En raison de l'organisation fédérale allemande, les subventions ont été mieux réparties. Tous les grands stades qui accueillent des équipes résidentes en ont bénéficié. L'enveloppe globale était comparable à l'investissement français. Les travaux d'amélioration ont été considérables ; les stades se sont modernisés, ils ont été réaménagés autour d'un vrai projet de spectacle ouvert sur les familles. Les activités subordonnées (spectacles, cinémas, commerces, restauration notamment) qui ont été prévues attirent des publics différents. En Allemagne, on va désormais au stade en famille ou entre amis. Du coup, la moyenne des spectateurs par match en première division a doublé. Elle reste aujourd'hui à un niveau très enviable : quarante-deux mille spectateurs par rencontre ! Les Allemands ont réduit leur télédépendance grâce à une bonne gestion de leurs investissements immobiliers.

L'Euro 2016 : une chance à ne pas laisser passer

Les Allemands ont non seulement augmenté le niveau moyen de fréquentation des stades de football, mais ils ont aussi réussi à apprécier le niveau moyen du ticket d'entrée. Le PMC, prix moyen coupon, est passé de 19 à 25 euros, soit une augmentation de pratiquement 30 %. La France saura-t-elle mieux profiter de l'Euro 2016 dont elle a la charge, que de la Coupe du monde de 1998 ? Nous partons de loin. Dans l'ensemble, il faut admettre que les stades français sont globalement médiocres. Ils ont été (majoritairement) construits à une époque où le football se vivait comme une activité économique peu mature. Ils ne sont pas toujours couverts ; beaucoup sont de simples blocs de béton qui ne proposent pas les commodités exigées par le football moderne. Les accès par les transports publics ne sont pas toujours à la hauteur de la demande. De très grands efforts de modernisation sont pourtant en cours, en dépit des contraintes budgétaires qui pèsent sur les collectivités et sur les clubs eux-mêmes. À Lille par exemple, le montant de la redevance annuelle que devra payer la communauté urbaine (pendant trente et un ans) pour le nouveau grand stade est passé de 17 millions d'euros par an à… 7,2 ! La Région a accepté de verser une contribution de 45 millions d'euros, mais la réduction de la facture est aussi le résultat d'un nouveau modèle de partage des recettes (incluant l'intéressement de la collectivité sur les spectacles) et de diversification des recettes. Grâce au *naming*, une recette additionnelle de l'ordre de 3,3 millions d'euros est attendue. Au

Mans, dans la Sarthe, le nouveau stade, le MMArena, remplace désormais le vieux stade Léon Bollée et ses « praticables » exposés aux intempéries. Le stade du Mans a été le premier stade français construit dans le cadre d'une politique dite de *naming*. En Allemagne, le *naming* est une pratique très répandue et manifestement fructueuse pour toutes les parties. Premier point, les stades actuels, comme celui du Mans, ont été conçus comme des outils au service du spectacle. Le MMArena offre des services adaptés à toutes les demandes, de la place basique aux formules très valorisées pour les particuliers et les entreprises. Comme dans un supermarché, on trouve des produits d'entrée de gamme et des produits plus complexes, ajoutant au football des services périphériques au spectacle. Peu à peu, le stade devient un nouveau pôle urbain adossé à la fameuse ligne droite des Hunaudières du circuit des Vingt-Quatre Heures du Mans. Il ouvre 365 jours par an, l'enceinte est modulable et accueille des spectacles musicaux, proposant vingt-cinq mille places assises ou trente-huit mille debout. Le sport, moteur de mise en relation, doit pouvoir se reposer sur des outils immobiliers adaptés. Le club du Mans est à la fois co-actionnaire de la société concessionnaire du stade et club résident. La nouvelle enceinte ouvre le champ à un développement multidirectionnel sur le long terme. La question du temps est décisive quand on évoque le cas d'infrastructures conséquentes comme les stades, les aéroports ou les grands bâtiments de service public. Les chefs d'entreprise privilégient les visions de long terme qui sont plus rassurantes et plus sécurisantes quand l'investissement de départ mobilise un stock de capital important. Au Mans, le club a détaché une partie des équipes commerciales dans la société d'exploitation du stade.

L'ambition est de vendre autre chose que du football en dehors des grands rendez-vous sportifs de l'équipe mancelle. Des emplois durables sont d'ores et déjà créés comme ceux attachés à l'hôtel de cent vingt chambres qui sort de terre à proximité de la nouvelle enceinte. L'équipe commerciale aborde le marché du football avec les outils modernes du commerce en s'adressant à chacun avec un message adapté. « Les visiteurs, expliquent les dirigeants de l'entité commerciale, sont plus de spectateurs que des fans absolus. Avec le CRM[1], outil de compréhension du client, nous cherchons à identifier leurs besoins. L'ambition est d'aller vers une connaissance plus intime de chacun de nos visiteurs. » Le MMArena peut, depuis son ouverture en 2011, accueillir vingt-cinq mille personnes. Son coût, de 104 millions d'euros, a été partagé pratiquement à égalité entre investissement privé et fonds publics. Dans la France du football, les stades changent. Une nouvelle génération de dirigeants et l'arrivée progressive à maturité des championnats professionnels ont donné un coup d'accélérateur aux projets de nouvelles enceintes. À Valenciennes, au Havre, club plus que centenaire (fondé en 1872), de nouveaux stades sortent de terre, mais c'est à Lyon, dans cette ville elle aussi historique du football professionnel, que le projet de grand stade prend une dimension européenne. Pour s'inscrire durablement dans l'élite du football européen et pour servir une politique d'entreprise à long terme, Lyon doit se doter d'un stade de soixante mille places, le stade des Lumières,

1. « Customer Ressource Management », soit « Gestion de la recette client ».

dédié au spectacle, dessiné pour la télévision. Bref, un vrai stade de foot moderne et accessible aux supporters et à leurs familles. On ne sait comment qualifier les misérables manœuvres politiques qui ont retardé le lancement du chantier. Ce grand stade des Lumières a été pris en otage par des querelles de politique locale en dépit d'un arbitrage favorable du président de la République. Lyon est une agglomération de presque 1,5 million d'individus, le tissu industriel et commercial la place au centre d'un vaste corridor européen qui part de Londres, englobe les grandes régions allemandes de production et finit dans le nord de l'Italie. Lyon est un des poumons économiques de l'Europe du Sud et polarise une partie importante du public de la grande région Sud-Est. Toutes les conditions du succès sont réunies. Les passes d'armes locales sont d'autant plus regrettables que la Déclaration d'intérêt général avait été signée, dès 2010, par la ministre des Sports de l'époque, Mme Roselyne Bachelot. Le football une fois encore a été pris au piège de jeux d'influences politiques. Tous ceux qui aiment le foot à Lyon et ailleurs le déplorent. Les politiques n'ont-ils pas autre chose à faire ?

Idée reçue n° 5

Les paris sportifs mettent le football en danger

« Comme si le football avait besoin de ça ! »

Comme de nombreuses activités économiques, le sport professionnel est la cible du crime organisé et de « truqueurs » en tout genre. La *Financial Action Task Force*, organisation intergouvernementale chargée de travailler sur le banditisme, estimait dans un rapport publié en février 2011 que le football serait devenu le nouveau terrain de jeu du *laundering*, c'est-à-dire du blanchiment d'argent sale. Il convient de se méfier de ces idées reçues générales, par nature stigmatisantes pour toute une communauté. Le football n'échappe pas aux tentations malveillantes certes, mais s'il n'est pas au-dessus des autres secteurs, il n'est pas non plus en dessous.

Les experts de la *Task Force* s'intéressent essentiellement dans leurs analyses à des pays entrés tardivement dans la mondialisation de l'économie ou à des territoires spécialistes de l'économie informelle. La Russie, à laquelle elle fait notamment référence dans cette étude, est par exemple sous les projecteurs non seulement pour le football mais pour l'ensemble des activités de marché. La sécurité juridique est encore loin d'y être garantie. Pour des raisons économiques, le pays se dote peu à peu d'un corps de doctrine dans le secteur financier, mais les règles n'en sont pas encore systématiquement appliquées. Les experts de la Commission européenne n'hésitent pas à délivrer des consignes de prudence aux potentiels investisseurs sur le marché russe. Il convient aussi de citer le cas de la Grèce, de l'Italie ou de l'Espagne. En Grèce, 30 % de l'activité économique est informelle. La crise puis le plan de sauvetage financier de la Grèce ont révélé la réalité économique du pays. L'évasion fiscale y a été estimée à 20 milliards d'euros par an. Sur le terrain du football, certains joueurs français installés dans le pays peinent à obtenir le paiement de leurs salaires. Enfin, en Italie et en Espagne, où les clubs professionnels s'exonèrent de publier une vraie comptabilité, les combinaisons suspectes sont possibles à défaut d'être probables. En Espagne précisément, la dette sociale du Real Madrid a été deux fois effacée par décision discrétionnaire des plus hautes autorités du pays. Moins officiels, les « trucages » du championnat de deuxième division laissent planer une zone d'ombre sur le bon déroulement des compétitions chez le champion du monde en titre.

Depuis une bonne dizaine d'années, la France a livré une guerre secrète et sans merci contre les sites de paris clandestins, avant que la loi n'autorise les paris en ligne sous certaines conditions d'équité et de sincérité. Dans le secteur des paris sportifs, le gouvernement a préconisé la création d'un délit pénal spécifique pour la corruption sportive relative à un événement ou compétition se déroulant en France, suivant les recommandations d'un rapport de l'ARJEL, l'Autorité de régulation des jeux en ligne, remis en mars 2011. Ce nouveau délit serait assorti d'un volet répressif très dissuasif : l'ARJEL propose des peines de cinq ans d'emprisonnement et une amende de 75 000 euros. La crédibilité du rapport répond aux préoccupations des pouvoirs publics, conscients que notre pays ne dispose pas encore d'instruments dédiés pour rechercher, identifier et traiter les nouvelles formes de la fraude sportive.

Sans attendre l'évolution du droit, la Ligue s'est dotée d'outils performants pour lutter sans merci contre le trucage dans les paris. Pour fausser la donne dans des activités par nature imprévisibles, comme le football, les fraudeurs cherchent à maîtriser au moins une partie de l'aléa. Quels sont les retours d'expérience qu'apportent les championnats professionnels soumis à l'offensive des fraudeurs ? Les experts ont remarqué que la manipulation des paris induit systématiquement la participation d'une partie des acteurs du terrain. Les cas de corruption les plus fréquents ciblent trois types de population : l'arbitre, le capitaine de l'équipe manipulée ou le gardien de but. Ces pratiques sont observées dans les championnats des pays d'Europe centrale et orientale. La France et la

Grande-Bretagne sont réputées parmi les pays les plus sûrs. La corruption y a moins cours, notamment parce que des joueurs bien rémunérés sont plus à l'abri de la tentation. Quel footballeur titulaire d'un contrat de travail valorisé prendrait le risque de ruiner sa carrière à tout jamais ? Le *Fraud Detection System*, mis en place par la société *Sportradar*, partenaire de la Ligue française, de la FIFA, de l'UEFA, de la Bundesliga, du championnat tchèque, a montré à ce jour que le championnat français était totalement sain et transparent. La Ligue professionnelle a souhaité aller plus loin dans son action de prévention. Elle a demandé à l'ARJEL d'exclure du périmètre des paris toutes les actions qui reposaient sur la décision d'un seul homme : pas de paris sur la composition de l'équipe, pas de paris sur les remplacements, pas davantage sur la durée du temps additionnel. Elle a également exclu les paris sur des gestes négatifs comme les fautes, les cartons, les touches ou les corners.

Pour le football français, la libéralisation des paris en ligne a marqué un tournant décisif. L'enjeu était de protéger le sport professionnel des tentations malveillantes. Comme l'écrivait

Frédéric Thiriez, président de la LFP[1], l'intégrité des compétitions est ce qui compte le plus. Sans sincérité, le championnat aurait perdu son honneur et sa crédibilité. Il aurait également perdu une partie de son public. La loi du 21 mai 1836 prohibant les jeux de hasard et d'argent aura tout de même vécu cent soixante-quatorze ans. Pourquoi une telle résistance ? Les explications sont de caractère philosophique. La France, fille aînée de l'Église, devait absolument interdire les jeux d'argent sur l'imprévisible, attribut exclusif du divin. Deux phénomènes ont contraint le législateur français à lever l'interdit : d'abord la pression des sociétés de paris installées en Europe et leur intense travail de conviction auprès de la Commission, et le développement de l'outil Internet, qui a gommé les frontières et les réglementations, et s'est invité dans la vie privée des foyers. Ce progrès technique formidable a été le véritable artisan du changement : la pratique avait devancé le droit, mais c'est une procédure d'infraction lancée contre la France, le 12 octobre 2006, par les sociétés de jeux en

1. *Footpro*, n° 58, décembre 2010/janvier 2011.

ligne, qui est à l'origine de la nouvelle construction juridique. Les sociétés de paris ont fait valoir l'argument de la « libre prestation de service » et non celui de « la liberté d'établissement » pour demander l'ouverture à la concurrence des jeux en ligne. Je précise « en ligne » pour souligner que le monopole de la Française des jeux et du PMU sur le réseau corporel (les boutiques) a survécu. Pragmatique, la France a accepté de faire tomber les barrières à l'entrée pour les nouveaux prestataires. Avait-elle le choix ? Les paris en ligne, même interdits, gagnaient en volume. Comment la France aurait-elle été en mesure d'appliquer des sanctions contre des entreprises auxquelles elle était opposée dans le cadre d'une procédure européenne dont l'issue ne faisait guère de doutes ! La loi promulguée le 12 mai 2010 mit fin au conflit. Les paris en ligne devenaient légaux, mais dans le cadre d'une procédure de coproduction législative, la communauté du football fit entendre sa voix. La principale disposition retenue, directement inspirée de la volonté du monde sportif, est celle qui conditionne la mise en œuvre des paris en ligne à un accord préalable entre les opérateurs et les organisateurs des compétitions sportives. La loi française confirme de façon explicite que le « droit au pari » n'est rien d'autre qu'une forme d'exploitation commerciale des compétitions. Les organisateurs de paris sportifs profitent du travail accompli par les autorités sportives et en retirent des profits. La loi du 12 mai 2010 a porté la modification du Code du sport, qui reconnaît désormais de façon claire que les paris sont une exploitation commerciale directe des compétitions sportives. En 2009, la Cour d'appel de Paris avait condamné la société *Unibet* à des dommages et intérêts pour avoir organisé des paris sur le tournoi de Roland Garros, sans l'accord de la Fédération de tennis. Le droit au pari existe depuis longtemps dans l'hémisphère Sud en Australie ou en Nouvelle-Zélande. Il n'est pas neutre sur les questions financières. Si le droit au pari agit comme un contrat entre l'organisateur des compétitions et la société titulaire de l'agrément, une rémunération tenant compte notamment des frais exposés pour la détection et la prévention de la fraude devra être versée par la société de paris aux organisateurs. Pour être clair, cette rémunération n'est pas versée sans contrepartie. Ainsi, dans le protocole signé entre la FFF, la LFP et les sociétés de paris en ligne, la Ligue s'engage à produire une prestation de nature à assurer la sincérité des résultats pour les parieurs :

a) C'est la Ligue qui annonce les résultats sans ambiguïté, afin d'écarter tout doute. Elle ne laisse pas cette initiative à un tiers. Cette procédure peut paraître formaliste, mais elle est essentielle quand il s'agit par exemple de déterminer si un but a été marqué de la tête, sur coup franc ou sur corner. La procédure de première annonce officielle des résultats, une heure après la fin des rencontres, permet l'exécution des paris qui elle-même déclenche le droit au paiement des joueurs. En Ligue 2, là où les moyens humains et techniques sont moins complets, la Ligue a mis au point une méthodologie rigoureuse associant les journalistes et des observateurs techniques.

b) Une liste de personnes non autorisées à parier est établie par la Ligue. Les joueurs, entraîneurs, salariés de la Ligue professionnelle sont interdits de pari. *Dura lex* diront les intéressés, mais comment justifier que les parties puissent aussi être juges ? *Dura lex sed lex*, la loi est dure mais c'est la loi !

Infaillible radar

L'aspect le plus vivant et le plus spectaculaire du dispositif d'encadrement des paris sportifs en ligne concerne la capacité de l'Autorité de régulation à surveiller en temps réel les mouvements de cotes anormaux sur les sites des opérateurs agréés. Le partenaire de la Ligue, *Sportradar*, a mis au point un système d'alerte triple qui couvre l'ensemble des situations. Les observateurs chargés de la police des paris savent que le risque zéro n'existe pas, mais ils ont une culture suffisante du football pour apprécier avec mesure et sincérité l'évolution de la cote : si un ou plusieurs joueurs clés sont manquants pour des raisons objectives, si les conditions climatiques sont très atypiques, si un entraîneur a choisi d'aligner une équipe réserve, la cote peut légitimement varier. Ces mouvements de cotes sont « causés » pour reprendre un vocabulaire juridique, c'est-à-dire qu'ils ont une cause. Si, en revanche, 90 % des paris sont engagés sur la victoire du FC Aurillac contre l'Olympique de Marseille dans le cadre d'une coupe quelconque, des doutes légitimes peuvent être portés sur la sincérité de la rencontre et du coup, les bookmakers retirent le match de la cote après en avoir informé l'organisateur de la compétition. Le risque de triche est strictement limité. Pour un tricheur, la sanction la plus grave est celle qui consiste à le priver de sa mise de départ. La perspective de fermeture de la cote est un puissant répulsif. La perspective de gains rapides et spectaculaires y est réputée impossible.

Diversifier les sources de revenu

Rétroactivement, on devrait considérer avec une certaine sévérité les cas de corruption avérée dans le football français. Dans mon esprit, la victoire de l'Olympique de Marseille en Coupe d'Europe face au Milan AC en 1993 souffrira toujours de l'ombre de la corruption du match VA-OM lors de la même saison. Dans le même esprit, j'ai toujours considéré comme suspectes et même scandaleuses les déclarations publiques de Bernard Tapie après le match perdu contre le Benfica de Lisbonne l'année précédente en demi-finale de la même coupe européenne, laissant entendre qu'il avait compris comment on gagne une telle compétition. Autorités et observateurs ont été très laxistes, pendant trop longtemps. La triche, les matchs arrangés ont profité d'une sorte d'indulgence passive dans un monde où l'on « pouvait toujours s'arranger ». La lutte contre la délinquance n'est pas un luxe. En février 2011, trois arbitres hongrois sont suspectés par la FIFA dans une affaire de paris truqués ; en Allemagne, au mois de janvier, un ancien professionnel reconnaît avoir touché de l'argent pour arranger des matchs en deuxième division ; l'année précédente, un gang croate est démantelé, qui organisait des matchs arrangés dans plusieurs championnats européens... Les exemples heureusement restent peu nombreux, et devraient l'être de moins en moins compte tenu du travail réalisé en amont par la police des jeux, l'ARJEL, et les organisateurs des compétitions. Le basculement d'un système clandestin vers une offre légale et codifiée s'est traduit en France par des mises de l'ordre de 400 millions d'euros au cours des cinq premiers mois qui ont suivi l'ouverture. Fin 2010, on comptait moins de deux millions de comptes de joueurs actifs et cent trente mille parieurs réguliers sur les paris sportifs. C'est assez peu, mais les sociétés de paris font des efforts importants pour se faire connaître du grand public : publicité télévisée, sponsor maillot... Les quelques opérateurs agréés ont accompli de vrais efforts d'investissement. Les quatre opérateurs en ligne significatifs sont aujourd'hui Betclic, PMU, FDJ et Bwin. Les recettes mobilisées pour assurer les fonctions dévolues à la Ligue représentent une enveloppe de moins d'1 million d'euros. Il est encore très tôt pour brosser le portrait type du parieur, mais sans surprise, les premières tendances montrent en majorité un parieur de sexe masculin (91 %) âgé en moyenne de trente-deux ans, et pariant la somme de 9 euros. Pour élargir le marché du pari en ligne, il conviendra de convertir le football en sortie familiale pour y intéresser notamment les femmes, très minoritaires dans les premières études d'impact du pari en ligne.

Combattre l'argent sale revient aussi à soutenir le développement de sources de financement claires et publiques pour les clubs professionnels. Les nouveaux stades devront offrir du confort et attirer un nouveau public. L'enjeu est bel et bien de créer les conditions de cercles vertueux dans les grands bassins du football. En Bretagne par exemple, dans le Finistère, le retour du Football Club de Brest en Ligue 1 a été porté par toutes les forces de la Région. Isolé au bout du continent, éloigné des premières grandes villes de Bretagne ou des Pays de Loire, le Finistère a fédéré des forces multiples dans un élan de patriotisme sportif et économique favorisé par la géographie. Un club d'entreprises partenaires s'est constitué et renforcé, rassemblant sept cents entreprises de toutes tailles. Le football aide ici à sédentariser l'activité. Il est au centre d'un réseau puissant qui fédère les énergies, crée des richesses. À Brest, l'attachement au maillot rappelle le football anglais. Cette année, les dirigeants brestois sont non seulement heureux des résultats de leur équipe, mais ils ont aussi la fierté d'avoir construit un budget abondé pour 30 % par les partenariats économiques autour de l'équipe fanion. À un échelon supérieur, l'Olympique de Marseille est en France l'archétype du club populaire, alimenté par son propre marché. La personnalité de la marque « OM » s'est d'ailleurs exportée très au-delà des frontières de la Provence. L'OM vend plus de maillots que l'équipe de France. Marseille a renouvelé son partenariat avec la chaîne de magasins Made in Sport. Une boutique de l'enseigne devait ouvrir à Paris en 2011. L'OM vend 550 000 produits dérivés par an et intéresse plus de douze millions de Français. Le chiffre d'affaires total du marché des maillots et autres objets textiles rapporte chaque année 10 millions d'euros au club phocéen. Selon le cabinet Deloitte, l'OM a perçu 42 millions d'euros de produits dérivés au cours de la seule saison 2008-2009. L'autre Olympique, l'OL, en dépit de ses dix participations consécutives à la *Champion's League*, n'obtient que quelques millions de plus pour un revenu global de 49 millions d'euros. Les résultats sportifs sont une condition nécessaire mais pas suffisante pour réussir sur le marché. Marseille, le club le plus populaire de France, se classe dans la bonne moyenne européenne pour ce type de revenus, quinzième en Europe devant l'AS Roma, le Werner de Brême, ou Manchester City. On mesure le chemin à parcourir pour Marseille en rappelant que le Real de Madrid enregistre un résultat global de plus de 400 millions d'euros en intégrant l'ensemble des revenus du club.

Sponsoring maillot en Ligue 1

2006/2007	56 M€
2007/2008	51 M€
2008/2009	50 M€
2009/2010	38 M€
2010/2011	59 M€

Source : Pascal Perri, d'après L'Équipe Magazine, *2010.*

Il est aussi à noter que le rebond de la recette maillot est pour partie lié à l'effet d'aubaine des paris sportifs. Le site Betclic était notamment en 2010-2011 le sponsor maillot de l'Olympique de Marseille et de l'Olympique lyonnais.

Pour conclure, il faut savoir que la Loi française sur les paris sportifs est en train de faire école en Europe. L'association des ligues européennes de football (EPFL), tout comme l'UEFA ou le CIA travaillent sur des modèles qui se fondent sur le modèle français. La Commission européenne s'y intéresse également. Finalement, le football français n'est peut-être pas si mal organisé…

Idée reçue n° 6

Le championnat de France de Ligue 1 est inintéressant

> « Le symbole du football de droite, c'est le *catenaccio* italien, quand on ferme tout, quand seule la victoire compte. Le football de gauche est plus chevaleresque. »
>
> Daniel Cohn Bendit,
> *L'Équipe sport et style*, avril 2011.

« Le football étranger est plus vivant, le championnat est ennuyeux, les joueurs ne sont pas motivés. »

Personne ne songerait à nier que certains matchs de Ligue 1 sont ennuyeux. Mais, rassurez-vous, j'ai eu la chance de voir des rencontres de mauvaise qualité sous toutes les latitudes, y compris en Amérique du Sud où le football est réputé plus vivant et plus chatoyant. En Allemagne ou en Italie, il m'est arrivé aussi de partir avant la fin du match. De mauvais matchs, tous les championnats en produisent. Je dirais même que tous les sports en produisent. Mais, dans ce domaine aussi, le poison dépend de la dose. Trop de matchs moyens finissent par nuire. Les supporters se détournent du spectacle, les familles arbitrent en faveur d'autres sorties : dans une société des loisirs où l'offre est très large, le football est clairement en concurrence avec d'autres activités. Pour renforcer son attractivité, il doit mieux accueillir les familles, avec des stades modernes, comme nous l'avons dit, et il doit aussi offrir du mouvement, du suspense, de la technicité. Il doit faire rêver ! En première analyse, on pourrait croire, depuis une quinzaine d'années, que l'école dominante, en France, est celle des défenses de fer et que le football français serait moins attractif. Pour gagner, entend-on, il faudrait commencer par ne pas prendre de buts plutôt que d'en marquer un de plus que l'adversaire ! Du point de vue du consommateur, la dernière logique est préférable à la première. On ne vient pas au stade pour applaudir un rideau de fer. Dès lors, comment faire ? En Espagne ou en Grande-Bretagne, l'analyse des statistiques montre que les équipes les plus offensives sont aussi les plus récompensées. Le Real Madrid marque des buts, plus qu'il n'en encaisse. Même constat pour Barcelone. En Angleterre, la prime à l'attaque est une dimension consubstantielle de la culture britannique du football. Manchester United, Arsenal, Manchester City, Liverpool engagent de grands attaquants en pariant sur la qualité du spectacle et sur le « mérite économique » de l'offensive. Les faits leur donnent raison. En France, il est vrai que les canons du football reposent sur les choix de la DTN (Direction technique nationale). Le modèle « France 98 » porté par Aimé Jacquet s'adossait à une défense efficace : d'abord, ne pas prendre de but et créer les conditions pour empêcher l'adversaire d'approcher. Ce modèle a gagné la Coupe du monde face à des équipes qui avaient parié le contraire. Les équipes nationales que nos footballeurs ont éliminées, Paraguay, Croatie et Brésil, flambaient grâce à leur potentiel offensif.

Le choix d'Aimé Jacquet s'est révélé payant, mais il n'est pas éternel pour autant. Tous les modèles vieillissent et devraient être régulièrement questionnés, en particulier dans les activités du spectacle vivant. Les entraîneurs français qui privilégient le beau jeu et soutiennent les stratégies offensives ne sont pas les plus nombreux. Le choix du modèle de jeu doit aussi répondre à une ambition économique. La bonne question à se poser est celle de tous les *mass market* (marchés de masse) : comment séduire les consommateurs, comment élargir le marché ? Les choix industriels et commerciaux répondent à la demande. Il faut remettre les choses dans l'ordre. Pour remplir nos stades et susciter l'engouement des Français, il faut impulser une politique sportive plus flamboyante et moins conservatrice. Lors de la saison 2009-2010, 2,4 buts ont été inscrits en moyenne par match. Il faudrait atteindre une moyenne de 3 buts inscrits par match pour entrer dans un ratio plus européen, comparable avec les autres grands championnats. Comment y parvenir, quelles mesures imaginer pour stimuler le spectacle ?

Il y a maintenant plus de trente ans, lors de la saison 1980-1981, la France et d'autres grands pays du football comme la Grande-Bretagne décident de changer les règles de « rémunération » de la victoire. La victoire passe de 2 à 3 points. Depuis 1990, toutes les ligues européennes sont passées à la règle des 3 points, en adoptant le système, 0-1-3, c'est-à-dire, pas de point en cas de défaite, un point pour le match nul et trois pour la victoire. L'ambition était déjà de stimuler le secteur offensif, d'offrir du spectacle aux supporters et au grand public. En Italie, en Pologne, en Grande-Bretagne, la réforme a spectaculairement fait reculer le nombre de matchs nuls et accru le nombre de victoires. En France, l'effet « 3 points » a soutenu l'offensive, mais il convient sans doute de s'interroger sur une nouvelle étape qui viendrait réactualiser le modèle encore en cours et lui donnerait un second souffle. Le rugby a mis au point un système de point défensif (en cas de défaite) qui profite aux équipes plus faibles. Ce point récompense les clubs perdants qui ont tout de même inscrits des essais face à une équipe plus forte. La règle du point défensif profite paradoxalement au perdant mais stimule sa capacité à produire du jeu offensif. Le football pourrait s'inspirer de cette règle et offrir un bonus (à modéliser) pour les victoires avec trois buts d'écart. Une victoire 4 buts à 1 rapporterait un supplément. Cette nouvelle règle ne changerait sans doute pas la hiérarchie du championnat mais elle aurait un impact sur l'esprit du jeu. Les entraîneurs seraient incités à produire du jeu offensif. Le spectacle n'en serait alors que plus attrayant. Une telle mesure ne peut pas être prise à la légère, mais un modèle soutenant l'offensive et le spectacle serait le bienvenu. À tous ceux qui pensent que le système du bonus offensif serait l'enjeu de manœuvres de coulisses, répondons que tous les modèles génèrent des anomalies de fonctionnement.

Mais attention, le championnat de France gagne en suspense ce qu'il semble perdre en spectacle (ou plutôt devrais-je dire en nombre de buts, l'un n'étant pas forcément synonyme de l'autre). Certes, les championnats espagnol et anglais sont prolifiques. Mais, en même temps, les résultats sont presque connus d'avance tant les écarts sont grands entre les équipes. Au mois de mars 2011, l'issue de la *Premier League* britannique ne faisait pratiquement aucun doute. Le duel Manchester United-Arsenal avait tourné court à l'avantage des Mancuniens. En Espagne, la course-poursuite entre le Real et le FC Barcelone était encore incertaine, mais la victoire finale ne pouvait revenir qu'à une de ces deux équipes. L'écart entre le Real (second à 8 points du « Barça »), et le troisième était de presque 30 points au mois d'avril ! Les supporters et les journalistes à l'international commençaient alors à vanter les mérites du championnat de France et de son suspense. En France, le championnat est souvent très serré. Moins de 6 points, soit l'équivalent de deux victoires, séparaient à la même période le premier, Lille, et ses suivants, comme par exemple l'équipe de Rennes ou celle de Lyon. Marseille, second au classement, restait en embuscade à seulement une victoire du leader. Contrairement à l'Angleterre et à l'Espagne, l'issue du feuilleton était imprévisible. Chaque modèle génère ses propres limites. Le championnat de France de Ligue 1 serait sans doute aussi incertain dans une optique plus dynamique, avec une personnalité plus offensive. Mais, c'est un championnat homogène dans lequel les équipes principales sont de force comparable. Au moins quatre équipes pouvaient encore prétendre à jouer le titre deux mois avant la dernière journée pour la saison 2010-2011. Pour cette même saison, il aura fallu attendre la seconde mi-temps de la toute dernière journée pour savoir qui de Valenciennes, Nancy, Caen, Brest, Nice ou Monaco serait relégué en Ligue 2. Dans le même esprit, la lutte pour une place européenne en Ligue des champions s'est jouée au cours d'une de ces toutes dernières rencontres.

Pour élargir le cercle des équipes fortes, il faut en revanche accepter l'idée d'éviter soigneusement les « accidents industriels ». Il peut sembler délicat de le dire aussi crûment, mais l'arrivée d'un club comme Arles Avignon parmi l'élite s'est traduit par un accident industriel grave. Que nous apprend l'amère expérience de cette sympathique équipe provençale en Ligue 1 ? Qu'un club est une entreprise, avec un actif de production (un stade notamment) et une équipe de dirigeants solides. Le mauvais spectacle de l'été 2010 en Avignon, assorti de querelles internes contre-productives, a montré que le destin d'une équipe de football comporte une double dimension : sportive et politique. Le calvaire vécu par le promu est le résultat d'une gestion calamiteuse de la transition vers l'élite. Seize joueurs ont été changés par rapport à l'équipe qui avait gagné sportivement le droit de jouer à l'échelon supérieur. Le président de l'époque et ses collaborateurs ont multiplié les choix douteux. Or une équipe de Ligue professionnelle doit être gérée avec une grande exigence de hauteur et de sérieux. Quand ce n'est pas le cas, la sanction est rapide.

Pour limiter le risque d'accident de cette nature, il convient de rendre l'ascension dans la division supérieure plus rare et plus exigeante. L'ascenseur devrait se limiter à deux équipes et non à trois comme c'est le cas actuellement.

L'écart entre la Ligue 2 et la Ligue 1 doit-il être réduit ? La seule façon d'y parvenir est d'élargir le champ des clubs de Ligue 2 éligibles au plus haut niveau. La montée à l'étage supérieur doit être davantage disputée. Il manque actuellement trois ou quatre clubs du niveau des trois premiers en Ligue 2. La sélection est le plus puissant des leviers de progrès. « En Ligue 2, commente le président d'Istres Francis Collado, dix clubs vivent normalement, huit sont en alerte permanente et deux sont tangents. » La Ligue 2 a aussi les défauts de ses qualités. Elle représente la France des petites villes et des villes moyennes. Les petites villes qui disposent de zones de chalandises réduites auront toujours des difficultés. Leur capacité à développer les recettes liées à la billetterie restera inélastique. Cette dimension de la taille joue un rôle, mais si la taille est une condition nécessaire, elle n'est pas suffisante. Prenons l'exemple de Grenoble. Le club a accédé à la Ligue 1 alors que ses capacités financières paraissaient obérées par les difficultés de son actionnaire, le groupe japonais Index. Les actions de l'entreprise étaient nanties au moment où Grenoble est arrivé en Ligue 1. La suite est connue. Les villes moyennes comme Martigues, Auxerre ou Guingamp ont paradoxalement mieux réussi au cours des quinze dernières années que de grandes métropoles : Grenoble, que nous avons cité, Nantes ou Strasbourg, qui dort actuellement en CFA2, la cinquième division française.

C'est en resserrant les niveaux et en réduisant la taille des passerelles avec la Ligue 2 que le championnat de Ligue 1 renforcera son niveau général de jeu et de gestion. Dans ce contexte, la Ligue 2 doit jouer un rôle décisif : elle a vocation à alimenter l'élite en nouveaux talents. Boukari du Stade Rennais et Dalmat, ancien Lensois, ancien Interiste (Inter de Milan) et ancien des Tottenham Hotspurs, sont issus de la Berrichonne de Châteauroux, un club historique de la deuxième division ; Valbuéna, le petit prince marseillais, vient de Libourne-Saint-Seurin, tout comme Kaboré. Avant d'enchanter le PSG, Ali Bénarbia avait fait ses classes à Martigues, et Franck Ribéry vient de Boulogne, un club de Ligue 2. Les parcours réussis ne manquent pas. La Ligue 2 est un formidable laboratoire du très haut niveau. Il faut la préserver et la valoriser. Le sort de la Ligue 1 en dépend aussi.

Reste le cas du Championnat national que nous avons rapidement évoqué. Son niveau est très inégal et son statut reste inachevé. Pour augmenter ses recettes, ce championnat pourrait s'inspirer de l'exemple anglais. Les troisièmes et quatrièmes divisions britanniques s'appellent NPOWER League One et NPOWER League 2. La nomination, pour évoquer la politique de *naming*, est une source de revenus supplémentaires. Il faut doper les moyens du National sans pénaliser l'échelon professionnel et imaginer des sources de revenus additionnelles.

Toutes ces mesures permettraient de donner « un coup d'accordéon » pour resserrer le niveau entre les trois premières divisions du football français. Tout le monde y gagnerait, en particulier les supporters et le football français.

Idée reçue n° 7

Les droits TV sont exorbitants !

« Il y a trop de foot à la télé, les droits payés par la télévision sont scandaleusement élevés. »

Le football français est télédépendant à hauteur de 58 % de ses recettes. Autrement dit, la majorité du chiffre d'affaires du football professionnel provient des droits TV. C'est trop, estiment tous les observateurs, y compris les dirigeants de la Ligue et des clubs… À l'horizon 2017, à l'issue de l'Euro organisé par la France, après que les nouveaux stades auront été construits et les plus anciens rénovés, l'accroissement de la recette commerciale (billetterie et revenus annexes) devrait réduire la part de la télévision dans les recettes des clubs à moins de 50 % de leurs budgets. La France se sera ainsi rapprochée du peloton des grands pays européens. Le football français est aujourd'hui dans l'obligation de développer ses recettes hors télévision. Mais cette contrainte de bonne gestion ne doit pas conduire à faire l'économie d'un débat sur le vrai prix du football télévisé. Le foot est-il trop payé ? Est-il sous-payé (pourquoi ne pas se poser la question) ? Ou est-il payé à son juste prix ? Les droits payés par les diffuseurs étaient de 668 millions d'euros par an : 465 millions payés par Canal+ et 260 millions par Orange, dont 60 réglés au titre des droits sur la téléphonie mobile. Lors d'une rencontre avec les dirigeants de la Ligue, alors qu'il était déjà question du renouvellement du contrat, le président de Canal+, M. Bertrand Méheut, avait suscité un certain agacement en déclarant que « Canal+ n'a[vait] pas vocation à devenir la Sécurité sociale du football professionnel » ! La salle avait été parcourue d'un frisson d'effroi en écoutant le patron de la chaîne française de télévision payante qui a construit son succès sur deux piliers : le football et le cinéma. C'est peu dire que Canal+ doit beaucoup au sport et en particulier au football. La comparaison avec d'autres sports aurait dû inciter M. Méheut à plus de réserve, mais il savait déjà que l'autre opérateur, Orange, n'entendait pas développer les contenus comme le football et se contenterait, sous l'impulsion de son nouveau dirigeant, de renforcer sa stratégie de contenant. Orange devenait un tuyau diffusant les contenus des autres, c'est-à-dire de Canal+. Quelques mois plus tard, le 31 mai 2011, une bien étrange déclaration du patron des activités de croissance Canal+, M. Xavier Couture, relayée par le journal *La Tribune* éclairait cette affaire d'un jour nouveau. M. Couture déclarait que Canal+ avait fait part de ses réserves sur l'entrée d'ESPN sur le marché des droits TV quel que soit le moyen d'y accéder. Mais M. Couture est l'un des dirigeants d'Orange… pas de Canal ! Faut-il comprendre que le marché des droits TV du football est en voie de cartellisation ? Ou que des ententes ont été conclues pour créer des barrières d'entrée pour de nouveaux opérateurs ?

La politique d'Orange appartient à son seul Conseil d'administration mais sa cohérence peut prêter à quelques interrogations. L'observateur constatera qu'elle est à l'inverse des grandes tendances du marché. Dans les métiers de réseau, on sait que les contenus sont mieux valorisés. Autrement dit, ce qui passe dans le tuyau a en général plus de valeur que le tuyau lui-même. Un bon connaisseur du métier estime que l'échec relatif d'Orange s'explique en raison du volume insuffisant de contenu à haute valeur offert au marché. En économie, l'homéopathie donne de piètres résultats. Les stratégies radicales sont payantes. Or, la chaîne ne fournissait pas assez de contenus pour être attractive (un seul match de Ligue 1 par semaine). Autrement dit, pas assez de matchs. Les consommateurs peuvent changer de prestataire, mais ils le font si le nouveau produit justifie les modalités, voire les contraintes, d'un transfert de contrat. Un tour d'horizon des forums de discussion sur Internet fournit à cet égard une indication utile : Le 11 janvier 2011, un internaute commente l'actualité sur le site de *L'Équipe*. L'article est titré : « Orange n'est pas fixé. » Commentaire d'un lecteur : « Orange foot, c'est vraiment insupportable, matchs en basse définition, images et son décalés, consultants insipides. » La suite est sur le même ton et vante la qualité de retransmission des autres chaînes dont Canal+. L'investissement de la société Orange dans le football aurait mérité mieux. La chaîne était parvenue à abonner 340 000 clients sur la base de son offre articulée autour de la rencontre choc du samedi soir : insuffisant pour élargir le marché, tout juste suffisant pour conserver ses clients. Consultés par nos soins, les meilleurs experts du marché estiment par ailleurs qu'une politique d'entrée sur un marché de contenu ne peut s'apprécier que dans le temps : la règle prudentielle est dans ce domaine de travailler sur des *business plans* à six ou huit ans. Orange aura-t-il manqué de patience ou de vision ? La stratégie de contenu de l'opérateur aura été interrompue au bout de deux ans. Curieuse décision pour un groupe aussi équipé en cerveaux utiles !

On peut raisonnablement se demander quelles sont les raisons véritables qui ont motivé le retrait d'Orange des contenus. Mais prenons acte de la décision des dirigeants d'Orange. Le journal *Les Échos* citant un expert en février 2011 estimait cependant que le dossier n'était pas totalement refermé. Le football est désormais un marché mondial qui ouvre des perspectives de coopération entre les grandes chaînes mondiales du sport comme Al-Jazira et de jeunes opérateurs. Un accord entre un opérateur international et Orange serait tombé sous le sens. Au mois de juin 2011, l'information circulait que la chaîne moyenne-orientale, intéressée à devenir une chaîne mondiale dans toutes les langues, se serait portée candidate pour reprendre Orange sport. D'autres échos faisaient état concomitamment de contacts entre Al-Jazira et CFOOT, la jeune chaîne lancée à l'initiative de la Ligue et des clubs professionnels. Le football est un produit mondialisé, les téléspectateurs asiatiques notamment consomment du football. Le volume de la demande est tel dans ces régions que le marché des droits internationaux dans les championnats européens est une vraie richesse. Qui saura tirer parti de cette nouvelle donne ? Avec les moyens modernes de télécommunication et la multiplication des supports de diffusion, le foot français peut devenir un produit exportable et valorisé. Si une chaîne mondiale émergente se lance dans cette formidable aventure, la question sera celle de son accès au marché. Devra-t-elle négocier avec Canal+ ? La question se pose et devrait inciter la chaîne cryptée à ne pas laisser passer un produit comme le championnat de France ! Dans un éditorial publié par *Les Échos* en avril 2011, David Barroux, rédacteur en chef d'Industries-High-tech-Médias, écrivait qu'à « l'heure où le piratage comme les DVD banalisent les films, seuls le sport et les séries tricolores moins piratées peuvent réellement permettre à Canal+ de se différencier sur la durée. Même s'il souhaite dépenser moins, le groupe sait qu'il devra continuer à investir lourdement pour que le football français continue d'offrir un spectacle de qualité ».

C'est donc dans un contexte de tensions multiples que s'est ouvert le premier round de la renégociation des droits TV au milieu du mois de juin 2011. Quelques semaines avant, la remise des offres pour le marché français, la Ligue avait envoyé un signal à Canal+, trop satisfait d'arriver seul à la table des discussions. La LFP avait confié les droits internationaux de la Ligue 1 à Al-Jazira en retirant le marché des mains de Canal+ Events, filiale de Canal+. Premier coup de semonce ? On ne retiendra pas les quelques millions d'écart entre les deux candidats mais plutôt le sens « géopolitique » de cet arbitrage. Al-Jazira est une chaîne à vocation mondiale, issue d'une géographie à cheval entre les deux mondes : l'ancien, à l'ouest et le nouveau en Asie. Al-Jazira est sans doute le meilleur pour vendre les droits du football français dans les territoires lointains et prometteurs de Chine ou de l'Asie du Sud-Est. L'arrivée de nouveaux acteurs, qui sont aussi parfois de nouveaux investisseurs comme au PSG, est un signe encourageant pour notre football. L'oxygène de ces nouveaux marchés est bienvenu et met fin, au moins provisoirement, à la toute-puissance de Canal. Au passage, on peut évoquer la politique suivie par l'Autorité de la concurrence dans le dossier des droits TV. Les décisions prises par celle-ci au cours des dernières années ont été indirectement favorables au monopole. Comment expliquer que l'Autorité de la concurrence s'en soit prise à Orange au motif que l'entreprise réservait l'exclusivité de ses contenus sport et cinéma à ses abonnés du téléphone et de l'abonnement dit « triple play » ? Les avis de l'Autorité de la concurrence ont tous concouru à décourager les challengers en multipliant les conditions d'accès au marché. Avec le départ d'Orange du marché du football, c'est environ 200 millions d'euros de manque à gagner qui devront être trouvés ailleurs pour financer le football professionnel en France.

Avant d'aller plus loin, faisons un court détour pour évoquer l'évolution des supports et des habitudes de consommation des produits audiovisuels. C'est essentiel pour comprendre le marché de demain. L'arrivée des Smartphones et des tablettes change les règles du jeu. En moins de dix-huit mois, ces nouveaux outils ont doublé de volume sur le marché français. Mais, surtout, pour la première fois, le recours aux services fournis avec ces technologies augmente deux fois plus vite que le taux d'équipement des consommateurs. Que faut-il comprendre ? Que les utilisateurs ont doublé l'utilisation des fonctionnalités de leurs appareils. Les Smartphones transportent beaucoup plus que la voix, ils acheminent aussi des données, des images et des informations de toutes natures. Quant aux tablettes, elles permettent de lire, de voir et de s'interconnecter. Elles seront demain un support de plus pour suivre des rencontres de football. Cet exemple nous montre que les règles qui prévalaient en matière de transport des images changent radicalement. Déjà, on regarde la télévision sur d'autres supports que le « poste » qui trônait dans le salon ou la cuisine. Les nouvelles technologies appellent une révolution des modes de consommation. Le football devra en profiter. Il devra aussi tirer avantage des nouvelles frontières de la communication ouvertes par les opérateurs du web. L'information est passée inaperçue en France, mais le vendredi 19 août 2011, le site Facebook a retransmis en direct un petit match de la FA Cup anglaise, via une application du sponsor principal de la compétition, une célèbre marque de bière américaine. La rencontre Ascot United-Wembley a rassemblé quelques centaines de spectateurs dans le stade de la petite cité à l'ouest de Londres, mais il a été virtuellement accessible par les 750 millions d'abonnés de Facebook. Imaginons quel rôle les médias sociaux pourront jouer dans l'avenir en matière de spectacle vivant, eux qui sont aujourd'hui des fédérateurs de publics multiples !

Le monopsone

Quand un marché est dominé par un seul « offreur », on parle d'un monopole. Quand il est dominé par un seul « demandeur », on parle alors de « monopsone ». Si vous êtes seul client sur un marché, c'est vous qui ferez le prix. Confortable situation pour l'un, dépendance asphyxiante pour l'autre. Mais, loin de se réduire, la fracture pourrait encore s'aggraver. Les pouvoirs publics devraient légitimement s'inquiéter de la situation créée par la promesse d'attribution d'une chaîne dite chaîne bonus à Canal+ sur la TNT gratuite. La justification apportée pour un tel cadeau est celle du passage de la transmission analogique à la transmission numérique. Pour compenser les frais occasionnés par une telle mutation, on fait cadeau d'un bonus aux acteurs déjà dominants du marché. Très mauvaise idée ! Le marché est rempli de ces entreprises qui bénéficient d'un double produit, et qui profitent de leur domination sur un des deux marchés pour s'imposer dans l'autre au mépris des règles de concurrence, par exemple dans la téléphonie (filaire et hertzienne), ou la poste (courrier universel et marché du colis pour lequel la Poste vient d'être rappelée à l'ordre). Que se passera-t-il demain si Canal+ obtient une chaîne gratuite de la TNT ? L'entreprise, tout naturellement, liera ses offres et réservera à sa chaîne gratuite une partie des exclusivités dont elle dispose grâce à la TV payante. Elle sera ainsi en mesure d'exercer un fort pouvoir de marché dans le secteur de la publicité et siphonnera une partie des recettes qui alimentaient le pluralisme du marché. Les consommateurs ne devraient pas se réjouir de la constitution de monopoles qui finissent toujours par céder au seul bénéfice de la rente. On ne dira jamais assez que la concurrence est un puissant facteur de progrès. Les dirigeants de Canal+ en savent quelque chose. Quand ils ont acquis les droits de diffusion du championnat de première division, au lancement de la chaîne, Canal a renouvelé le genre en introduisant des innovations techniques et éditoriales appréciées du public. Le football y a gagné et Canal+ aussi. Faut-il en conclure que les monopoles vieillissent trop vite et finissent pas s'embourgeoiser ? Le public pourra en juger. S'il avait été seul en lice pour re-signer les droits TV, Canal+ aurait tout bonnement profité de son avantage pour augmenter sa propre rente de situation et celle de ses actionnaires.

Pourtant, le montant des droits payés en France est très inférieur à celui de l'Angleterre ou de l'Italie. Le vrai prix du football en France est de l'ordre de 800 millions à 1 milliard d'euros. Cette évaluation s'adosse à une étude comparée des droits TV payés dans les pays voisins. Le succès du football en Grande-Bretagne repose en partie sur la bonne synergie entre les organisateurs des compétitions et les diffuseurs. À Londres, aucun diffuseur ne songerait à affaiblir, ne serait-ce que de façon déclarative, le produit qu'il entend proposer au public. C'est pourtant ce qui se passe en France. Après avoir largement vécu du football, Canal+ instruit régulièrement le procès des clubs et du championnat français. On peine à comprendre la logique de la chaîne cryptée. Le football reste un produit très fortement valorisé pour le public français. Canal+ a sans doute atteint le plafond du marché du cinéma à la télévision. La chaîne va devoir affronter une période de vaches maigres économiques. Les consommateurs arbitrent de plus en plus leurs achats. Ils sont vigilants et privilégient la valeur d'usage. Sans le football, ou à défaut avec moins de football, Canal est à l'évidence beaucoup moins attractif. L'inflation de chaînes gratuites, la multiplication des films de qualité sur les TV gratuites de la TNT, les nouveautés et la création des nouvelles généralistes ont affaibli le modèle Canal. Ses programmes d'information et de divertissement comme *Le Grand Journal* de Michel Denisot sont accessibles sans abonnement. Dans ces conditions, le football reste un puissant levier de différenciation, une valeur ajoutée de nature à produire des abonnements additionnels. On cherche donc à comprendre le sens des déclarations des dirigeants de la chaîne. S'il s'agit simplement de faire baisser les prix pour accroître sa rente, Canal fait peser un danger réel sur son spectacle vedette. C'est bien connu, le prix incarne une valeur ; or, celle du football est mesurable. Aucun autre sport professionnel collectif ne mobilise autant de public. Les audiences du rugby, du handball, du basket, y compris quand il s'agit de compétitions aussi importantes qu'une finale de championnat du monde, d'un France-Angleterre s'agissant du rugby, ou de basket américain, sont très loin de celles du football. Le public du football est non seulement plus abondant, mais il est aussi plus fidèle. En Allemagne, par exemple, le montant des ventes des droits de diffusion de la Bundesliga à l'étranger vient de battre un record absolu à 50 millions d'euros. Selon une étude de la Ligue de football allemande, 2,5 milliards d'individus ont suivi un match du championnat professionnel. La Bundesliga est retransmise dans cent quatre-vingt-dix-huit pays ! Il faut le dire sans excès mais avec fermeté, dans le domaine sportif, c'est le foot qui fait l'audience. Les droits TV représentent aujourd'hui la majorité des recettes du football. Les clubs et la Ligue souhaitent rééquilibrer les sources de revenu du football professionnel. Pour autant, il ne faut pas accepter de dévaloriser la part des ressources télévisuelles. Le football professionnel doit simultanément faire payer le vrai prix du spectacle qu'il propose au public et se doter de sources de financement complémentaires. Le tableau ci-dessous illustre à quel point les clubs sont dépendants de la télévision. Une baisse des droits TV condamnerait une partie du championnat de Ligue 1 et sans doute 90 % des clubs de Ligue 2.

	Budget	Droit audiovisuel
AJ Auxerre	33 millions d'euros	24 millions d'euros
Havre AC	24 millions d'euros	14 millions d'euros
Lille OSC	51 millions d'euros	32 millions d'euros
FC Lorient	27 millions d'euros	19 millions d'euros

Source : Pascal Perri, d'après le bilan des clubs LFP, 2009.

Les clubs inclus dans le tableau précédent sont captifs des droits audiovisuels. Sans la contribution de ces derniers, ils ne sont plus en état de faire face aux charges d'une équipe professionnelle de Ligue 1 ou 2.

Le budget de l'Olympique de Marseille est plus équilibré. La part de la télévision pèse pour la moitié des recettes. En revanche, la recette match représente 20 % des rentrées (chiffres LFP 2008-2009) :

	Recette TV	Sponsor-Pub	Recette match	Autres
OM	65 M€	25 M€	25 M€	12 M€
PSG	38 M€	22 M€	25 M€	15 M€
VAFC	18 M€	7 M€	3 M€	1,5 M€
FC Sochaux	19 M€	10 M€	3 M€	

Source : Pascal Perri, d'après le bilan des clubs LFP, 2009.

Les quatre clubs étudiés dans le tableau ci-dessus appartiennent à quatre typologies différentes. Tous les quatre sont dépendants des droits TV mais à des degrés divers. OM et PSG rivalisent en termes de recettes guichet, mais les droits audiovisuels payés à Marseille sont très supérieurs. Valenciennes, club emblématique d'une ville et d'une région populaire durement éprouvée par la désindustrialisation, peut compter sur ses supporters mais moins sur leur contribution financière. Le prix d'entrée au stade dépend aussi de l'environnement socio-économique. Enfin, Sochaux-Montbéliard, adossé à un grand groupe industriel international, est proportionnellement le plus performant dans le secteur du sponsoring et de la publicité.

Pour une chaîne de football

Je ne passe pas mon temps devant la télévision à regarder des rencontres de football, mais chaque fois que je voyage en Europe, j'apprécie de pouvoir suivre la chaîne foot dédiée aux championnats anglais. SKY TV propose les rencontres en direct, notamment celles de *Premier League*, et de très nombreux reportages : on y trouve de l'histoire du football, les rencontres « collector », des enquêtes, des documentaires sur l'économie du football ou son insertion dans la société tout entière. C'est un outil de pédagogie et de divertissement efficace. Le football à la télévision est un produit très populaire. En 2008, la ligue néerlandaise a lancé sa propre chaîne. Dans un pays de dix-sept millions d'habitants, elle compte maintenant plus de cinq cent mille abonnés. En France la double offre CFOOT et Al-Jazira devrait décloisonner le monopole de CANAL+. L'autorisation délivrée par le Conseil supérieur de l'audiovisuel (CSA) le 14 décembre 2010 est le résultat d'un engagement de plusieurs années. L'idée germe dès 2004 de créer une chaîne de football. Elle aboutit dans le cadre d'un appel d'offre sur la TNT payante. Que faut-il en attendre ? CFOOT diffusera à compter de la saison 2011-2012 les rencontres de Ligue 2 en direct et celles de Ligue 1 en différé. Grâce à ce nouveau canal, l'offre de football sera élargie. Le marché français du football est encore très élastique. Les dirigeants de la Ligue et des clubs professionnels, actionnaires de CFOOT, entendent proposer un prix très attractif au public. Le CSA ne s'y est d'ailleurs pas trompé en estimant par la voix de son président Michel Boyon que le football peut contribuer au développement de la télévision payante, car il fait partie de ces événements très forts qui peuvent fédérer des publics importants. Pour les autorités du football français, l'enjeu était de réaliser l'intégration des activités entre le spectacle et sa diffusion auprès d'un large public. La Ligue et les clubs ont en ce sens imité Canal+, diffuseur et depuis de nombreuses années producteur de cinéma et de fictions. Dans les économies modernes, le développement vertical est un levier important qui contribue à améliorer la situation des entreprises et qui agit comme un stimulant très efficace en matière de développement et d'innovation. La croissance verticale fait baisser les prix, elle soutient la recherche et participe à l'amélioration du marché. Avec CFOOT, le football professionnel s'est acheté de la liberté.

Une concurrence potentielle au monopole futur de Canal+ existe désormais. « Tout est possible, commente un journaliste sportif. La tentation de Canal sera de passer en dessous des prix de réserve pour profiter de son monopole. CFOOT est une alternative. La pression pourrait bien changer de camp. » Les monopoles sont rarement vertueux. Les consommateurs le savent intuitivement. Ils multiplient des barrières à l'entrée pour éviter l'arrivée de nouveaux opérateurs. En France, dans le secteur des transports ferroviaires comme dans celui de la distribution des fluides, les prix augmentent plus vite que le rythme naturel de l'inflation. C'est dire si le monopole ne tient pas sa promesse de maintenir les prix au plus bas. Dans un secteur comme celui du football, il ne serait pas une organisation de marché naturelle. Ce que nous discutons à travers les droits audiovisuels, c'est avant tout la question du financement du spectacle. L'argument déployé par le diffuseur dominant vise à nous faire oublier qu'il tire un revenu substantiel d'une activité organisée et mise en œuvre par d'autres. Dans toutes les activités de spectacle, de culture et de divertissement, le revenu est partagé sur toute la chaîne de valeur. Quand une œuvre littéraire contemporaine est portée à l'écran, le ou les auteurs sont justement rémunérés pour la part de création qui est la leur. Dans le secteur du football, la création est consubstantielle de la réalisation. Le football est un spectacle vivant que la télévision se contente de relayer sans que le produit subisse de transformation ou d'adaptation notables. Les clubs français sont, parmi les européens, ceux qui respectent sans exception les règles générales du marché et les codes de la réglementation, dans toutes leurs dimensions : sociales, fiscales et économiques. Leur imposer un handicap supplémentaire serait à l'évidence contre-productif pour tous les acteurs du marché. Avec un résultat net après impôt de 40 millions d'euros en 2010, Canal+ a bénéficié de l'effet football, championnats européens dont le championnat de France et Coupe du monde inclus. Pour lutter contre le risque d'appauvrissement qui pèse sur le football français, la Ligue professionnelle a imaginé un dispositif gagnant-gagnant qui vise à fragmenter le marché de la Ligue 1 proposé à la télévision en plusieurs lots premium et à étendre l'exposition des journées de championnat sur le modèle des grands pays européens. Le nouvel appel d'offres 2012-2016 marque donc un tournant. La Ligue en attend un montant minimum de 600 millions d'euros. Un prix de réserve a été fixé pour les six premiers lots. Nous ne rentrerons pas dans le détail de ces lots, mais nous retiendrons que l'enjeu de financement est important pour nos clubs de Ligue 1 et 2. Ce qui distingue en effet le modèle français des droits TV de celui de ses voisins, c'est son caractère équitable et mutualiste. En Espagne, les droits audiovisuels se négocient de gré à gré, club par club. Les deux premiers du championnat, Barcelone et le Real, se partagent la moitié du pactole. C'est un avantage pour les plus puissants et une vraie barrière pour tous les autres. Sans être égalitaristes, nous devons admettre que les règles de partage à la française permettent une meilleure diffusion des droits collectifs et stimulent une plus grande concurrence entre les clubs.

Les droits TV de la *Champion's League*

Loin de corriger les inégalités entre les très riches et les autres, la répartition des droits audiovisuels de la *Champion's League* radicalise les différences et creuse les écarts. La rémunération des clubs se fonde sur deux piliers. Le premier est logiquement celui des résultats dans les compétitions européennes. L'engagement dans les matchs de poule rapporte 3 millions d'euros. On parle en anglais de *starting fee*, qu'on pourrait traduire par prime de bienvenue. Les matchs (en 2008-2009) rapportaient 2,4 millions à chaque club engagé, assortis d'une prime de performance. Dans le groupe A de la *Champion's League* de 2008-2009, Chelsea et l'AS Roma avaient touché 2,4 millions, Bordeaux 1,5 et l'équipe de Cluj 0,9. Dans le groupe C, celui du vainqueur de la compétition, les primes de résultats à l'issue du premier tour avaient rapporté 2,7 millions d'euros à Barcelone, 2,4 au Sporting Lisbonne, 1,8 au Shakhtar Donetsk et seulement 300 000 euros à la modeste équipe de Bâle, sans doute assez peu à sa place dans cette compétition. Jusque-là il n'est rien à redire : les performances arbitrent la distribution des revenus. La compétition est juste et transparente, l'esprit du sport est respecté. Dans la deuxième partie de la *Champion's League*, les règles sont fondées sur la logique de la qualification. Plus on va loin dans la compétition, plus le revenu augmente. Là encore, le principe de l'équité sportive est respecté. Un seizième de finale rapporte environ 2,2 millions d'euros, un quart de finale

2,5 millions, une demi-finale 3, la victoire 7 millions tandis que le finaliste empoche 4 millions d'euros. Ce qui fait la différence, ce sont encore les droits TV. Les télévisions nationales payent des droits à l'UEFA. Plus le prix payé par leur(s) télévision(s) nationale(s) est élevé, plus la part des clubs est importante. Prenons, là encore, deux exemples aux antipodes. Dans le même groupe B de la ligue des champions, (saison 2008-2009) on trouve l'Inter de Milan et les chypriotes de Famagusta. Le revenu audiovisuel de Milan est de presque 19 millions d'euros ; celui encaissé par Famagusta est de 700 000 euros. On peut reprocher à cet exemple son caractère caricatural, soit ; prenons-en donc deux autres plus proches de nous. Dans le groupe F, Lyon côtoie le Bayern de Munich. Les Allemands encaisseront 21,5 millions d'euros au titre des droits audiovisuels et l'Olympique lyonnais seulement 13,6 ! Dans le groupe D, et pour un parcours strictement comparable, Marseille reçoit 8 millions de droits TV et le PSV Eindhoven presque 20. Les Français auraient tort de s'en prendre aux clés de répartition des revenus européens. Après tout, accepterions-nous de payer pour les clubs suisses ou biélorusses au seul motif que les télévisions nationales de ces deux pays contribuent trop modestement au pool européen de l'UEFA ? Un tel système est équitable mais il contribue à geler les positions européennes. Les puissants le restent et les faibles demeurent modestes. Cette situation nous invite à réfléchir au football sans le détacher de son environnement. Le lien entre spectacle et recettes TV apparaît ici comme évident. Le football ne s'arrête pas aux portes du stade. C'est un marché global qui inclut la valeur du spectacle et la juste rémunération de celui-ci. Si l'un des deux éléments est occulté, le modèle est moins efficace.

Le total des droits TV distribués en 2008-2009 au titre de la Ligue des champions a été de 274 millions d'euros. Le débat est désormais porté sur le terrain des compétitions engageant les équipes nationales. À peine réélu à la tête de l'UEFA, Michel Platini a annoncé la centralisation des droits TV. Dès 2014, l'UEFA assurera la commercialisation des droits télévisés pour les matchs de qualification pour l'euro 2016, et pour la compétition elle-même ainsi que pour les rencontres de qualification de la Coupe du monde en Europe. Selon le système en vigueur jusqu'à la réforme, chacun des cinquante-trois membres de l'UEFA négociait de son côté. Les recettes variaient en fonction du poids de chaque équipe nationale. Les grandes nations de football s'en sortaient le mieux. Ce sont elles qui, les premières, se sont élevées contre le projet de réforme de Michel Platini. Pour les convaincre, le président de l'Union européenne de football leur a assuré qu'elles percevraient au moins les mêmes sommes que par le passé. Du coup, à quoi servira la réforme ? Les sommes en jeu sont importantes : en 2009-2010, le budget TV de l'UEFA était de 1,5 milliard d'euros dont les deux tiers liés à la Ligue des champions. Pour l'Euro 2012, l'organisation a publié des prévisions de recettes de plus de 2,3 milliards d'euros[1]. Michel Platini souhaite que les esprits ne soient préoccupés que par la compétition sportive. « Vous n'aurez pas à vous demander si le tirage au sort vous sera favorable en termes de droits audiovisuels, a-t-il dit en substance aux délégués des pays membres

1. La FFF percevra 4,1 millions d'euros par match.

de l'association, vous pourrez vous concentrer uniquement sur le football ! »

La France n'est pas le seul pays concerné par la problématique des droits audiovisuels. En Allemagne, le débat occupe le devant de la scène sportive et mobilise les grandes voix du ballon rond. Oli Hoeness, ancien international, dirigeant actuel du Bayern, propose une surcharge de taxe TV de 2 euros par mois pour « offrir » la diffusion des matchs de championnat sur les chaînes publiques allemandes. Il rappelle que, selon un sondage, 83 % des Allemands de quatorze à soixante-neuf ans apprécient le football. 2 euros, c'est le prix d'une bière, explique l'ancien joueur allemand, or grâce à ces 2 euros, les recettes des clubs augmenteraient et permettraient aux meilleurs clubs allemands de rivaliser avec leurs concurrents pour gagner une coupe d'Europe. Il y a quelques mois le président du Borussia Dortmund, M. Watzke, renchérissait en estimant que le football « a un problème avec l'argent des télés ». En écho aux déclarations de M. Hoeness, la chaîne de télévision payante « Première » qui a le monopole du football en Allemagne est restée très distante. En Allemagne aussi, les monopoles se couvrent. C'est la raison pour laquelle la Ligue allemande, imitant en cela la LFP, entend introduire plus de concurrence dans l'appel d'offres qui servira de base aux négociations pour les droits de diffusion à compter de la saison 2013-2014. Le produit phare est à ce jour l'émission la plus regardée d'Allemagne, le samedi en fin d'après-midi. Elle propose un long résumé des rencontres de la Bundesliga. Cette fenêtre serait repoussée en deuxième partie de soirée. Du coup, la retransmission des matchs en direct sur Sky prendrait proportionnellement plus de valeur. La Ligue allemande en espère plus que les 225 millions d'euros actuellement payés par le diffuseur. Problème : Sky, membre du groupe Murdoch, est en pleine dépression et rien ne dit que ses dirigeants auront les moyens de suivre les enchères. Les recettes TV de la Ligue allemande sont actuellement de l'ordre de 410 millions d'euros par an. C'est peu, mais les clubs se rattrapent sur la recette guichet la plus importante en Europe. Grâce à la rénovation et à la modernisation des stades, le football est devenu encore plus populaire. Les télévisions en ont doublement tiré profit. D'abord en termes d'audience, mais aussi en qualité de travail. Les nouveaux stades ont été repensés en tenant compte des contraintes de retransmission du spectacle. Le football doit être montré sous tous les angles. Il est parfois filmé de trop loin ou de trop haut. Les nouveaux stades allemands ont permis de loger les caméras des télévisions à des endroits stratégiques des stades. Les images devraient pouvoir montrer ce que l'œil du spectateur ne voit pas toujours. L'image télévisée est une ressource formidable pour le football. Elle permet de rentrer dans l'intimité du jeu. Les stades offrent la communion avec les autres, l'intensité de la rencontre ; la télévision, quand elle fait preuve de créativité, permet paradoxalement de voir le spectacle d'encore plus près.

Football professionnel et télévisions sont condamnés à s'entendre. Le foot a besoin des médias mais la télévision ne saurait se passer de football sans conséquences pour son modèle économique. Le question est celle du juste prix ou du partage de la chaîne de valeur. Le producteur du spectacle, celui qui est le fait générateur du marché, ne peut pas être maltraité sans que le marché global en souffre.

Dépendance aux droits audiovisuels

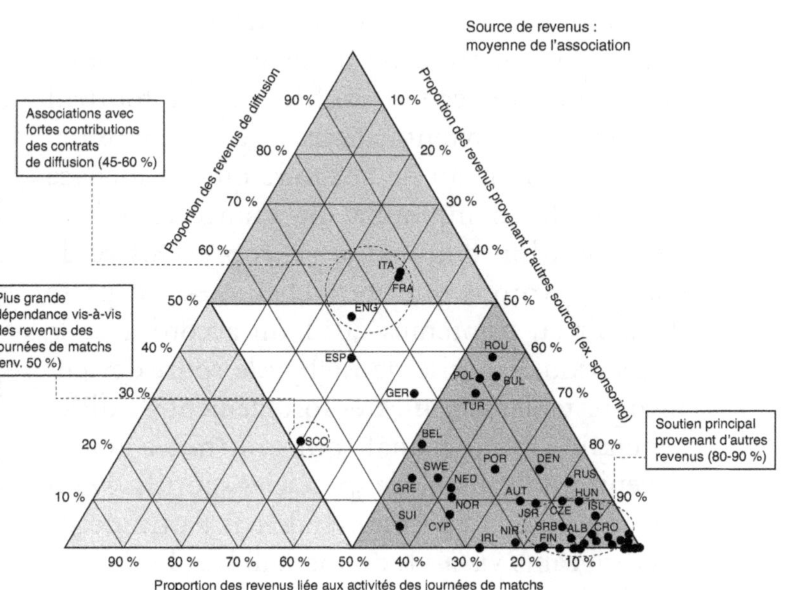

Source : UEFA 2010.

Résumons-nous sur les droits TV : le football est désormais un produit audiovisuel mondial. La zone de chalandise du foot à la télévision s'est enrichie des nouveaux venus de la mondialisation, tous avides de spectacle et de beau jeu. Des marchés internationaux immenses, susceptibles de donner un second souffle à notre football occidental, s'ouvrent à nous. C'est paradoxalement à ce moment de l'histoire qu'une menace pèse sur le championnat de France en raison de la position dominante et trop exclusive de Canal+. Notons que cette chaîne est en passe d'établir au printemps 2011 un accord avec la Fédération française de rugby : le sport devient incontestablement un très fort élément de différenciation pour Canal, qui pourrait à terme devenir un diffuseur de spectacles sportifs. Dans ces conditions, on comprend mal l'attitude de ses dirigeants vis-à-vis du football ! La France du football sera-t-elle absente du nouveau grand marché ? La responsabilité des diffuseurs est en jeu.

Lille, champion de France, touche moins que Marseille et Lyon. Les droits TV comprennent une part fixe et des parts variables en fonction

Clubs	Droits TV 2010-2011, en euros
OM	49 960 000
OL	48 870 000
Lille	42 525 000
PSG	39 000 000
Bordeaux	33 984 000
Rennes	30 657 000
ASSE (Saint-Étienne)	26 384 000
Sochaux	25 750 000
Toulouse	24 750 000
Auxerre	23 315 000
Nancy	19 660 000
Lens	19 415 000
Lorient	19 020 000
V.A. (Valenciennes)	18 406 000
Montpellier	17 606 000
Monaco	17 571 000
Nice	17 558 000
Caen	16 601 000
Brest	16 000 000
Arles Av.	13 700 000

notamment des diffusions TV sur la saison en cours et les précédentes. C'est à ce titre que la notoriété marseillaise permet à l'OM de devancer le champion de France en termes de droits TV.

Idée reçue n° 8

Le football, en fait, ça ne sert à rien

« Le football, ça coûte et ça ne rapporte rien ! En période de crise, il faut fermer les robinets. »

Le débat sur l'utilité du football intègre une dimension économique que nous allons discuter. Avant d'y arriver, interrogeons-nous sur le concept d'utilité, au-delà des questions de valeurs monétaire et économique : est utile ce qui est durable, est utile ce qui crée de la richesse et des emplois, est utile aussi ce qui produit des valeurs immatérielles et invisibles : de la formation, de l'amitié, de la convivialité, des opportunités, etc. Est utile ce qui produit du lien. La fonction de l'utilité ne peut donc s'exprimer dans un seul cadre utilitariste.

Attachons-nous, une bonne fois pour toutes, à mesurer les comptes du foot en France. Une étude commandée par l'Union des clubs de football professionnel au cabinet Ernst & Young montrait, fin 2010, que les entreprises de football participent comme les autres entreprises au développement de l'économie et à la création de richesse. Il faut ici, par avance, tordre le cou à une idée trop répandue selon laquelle les clubs seraient sous perfusion d'argent public. En treize ans, de 1996 à 2009, les subventions publiques sont passées de 66 à 37 millions d'euros. Le solde net du football professionnel est très en faveur de la collectivité quand on y intègre les charges sociales et fiscales payées par les entreprises. La contribution fiscale nette annuelle du football professionnel est de 1,1 milliard d'euros. Mieux, le football pro contribue à hauteur de 61 millions d'euros au financement du football amateur. En 2009, 34,6 millions avaient été payés au titre de la « taxe Buffet » (du nom de l'ancienne ministre des Sports), 22 millions dans le cadre du protocole entre la Ligue et la Fédération, enfin, les clubs avaient directement réglé 5 millions d'euros pour la formation. Ceux qui prétendent que le football pro est subventionné ne savent pas lire les chiffres. L'autorité chargée de lutter contre la fraude électronique (les paris sportifs en ligne) sera financée en grande partie par la communauté du football professionnel.

Les clubs de football sont des entreprises du spectacle vivant. Elles peuvent être comparées à des entreprises de production audiovisuelle, pour le cinéma ou pour la télévision, à des entreprises de production de théâtre ou d'édition de livres et de supports écrits. La contribution de la société pour le sport est en réalité très modeste quand on la compare avec d'autres. Chaque année, le budget du Centre national du cinéma est de plus d'1 milliard d'euros ; celui du Centre national du livre avoisine les 35 millions d'euros. Je ne veux même pas parler des soutiens publics au théâtre qui concerne des publics très urbains et souvent confidentiels. Ce chapitre n'ouvre aucune compétition en vue de soutiens publics, mais rappelle à l'inverse que le football est très loin de solliciter la solidarité nationale, d'autant, rappelons-le une fois encore, que le gendarme financier de la Ligue, la DNCG, est vigilant et contrôle les finances des clubs pro en temps réel. Les actionnaires des grands et des petits clubs professionnels sont de vrais aficionados qui financent eux-mêmes leur passion. Pour s'en convaincre, il suffit de consulter la longue liste des abandons de créances des dirigeants dans leurs entreprises de football, comme à Marseille où Robert Louis Dreyfus a laissé plus de 100 millions d'euros, ou dans le modeste club de Geugnon, placé en liquidation avant que son actionnaire de référence, l'ancien footballeur Tony Vairelles, ait été délesté d'une partie de ses économies, en pure perte. Le football n'est pas comparable à d'autres secteurs du marché où, selon l'expression populaire en cours, les profits sont privatisés et les pertes mutualisées. Dans le foot, quand on casse les œufs, on paye l'omelette.

Quarante entreprises moyennes du spectacle vivant

Les quelque quarante clubs professionnels français évoluant en Ligue 1 et 2, auxquels il faut ajouter les deux ou trois clubs du National, rétrogradés et provisoirement maintenus dans le statut pro, génèrent un chiffre d'affaires annuel de 4,3 milliards d'euros selon Ernst & Young (c'est plus que la réduction de la TVA dans la restauration qui, souvenons-nous-en, coûte chaque année plus de 3,5 milliards d'euros aux contribuables français, sans que l'emploi de ce manque à gagner fiscal ait produit quelque effet sur leur pouvoir d'achat).

• Presque 30 % de ces 4,3 milliards d'euros sont directement liés à l'activité des clubs, sans y inclure les transferts des joueurs. Ces transferts produisent un flux de capital attaché à la cession d'un actif. La part des clubs dans l'économie du football pèse donc 1,3 milliard d'euros hors transferts.

• La part des concours externes comme les droits TV, les paris sportifs ou les contributions des équipementiers et partenaires est dominante dans le chiffre d'affaires du football dont elle représente 56 % pour atteindre une enveloppe de 2,5 milliards d'euros environ. Le football prend ici toute sa dimension d'activité de spectacle. Son rendement financier irrigue des secteurs connexes. En France, Canal+ a créé son marché et s'est développé sur sa double identité de chaîne du cinéma et du football.

• Enfin, il demeure une part de chiffre d'affaires du football encore faible mais potentiellement extensible : c'est celle qui est directement générée par les entreprises locales dont l'activité est directement ou indirectement liée au sport – les secteurs du BTP, les métiers de la nature (entretien des parcs et jardins), le secteur des transports publics, l'hôtellerie, la restauration, le commerce de proximité génèrent un chiffre d'affaires de l'ordre de 650 millions d'euros. L'Euro 2016 et la construction de nouveaux stades stimuleront la distribution de revenus dans de nombreux secteurs économiques.

Un aménagement de l'espace national assez équitable

L'analyse spatiale du football professionnel en France montre que les clubs des deux divisions de l'élite sont assez équitablement répartis sur le territoire. Une zone incluant le Pays basque (français) et les Pyrénées échappe pour le moment au ballon rond. Les championnats anglais sont très concentrés dans les grandes agglomérations. Nous avons vu que la concentration produit de l'efficacité. Elle produit aussi du vide en ce sens qu'elle favorise la désertification des zones non irriguées. On gagne d'un côté ce qu'on perd de l'autre. Si nous raisonnons en termes d'aménagement de l'espace, le football professionnel français est un facteur de cohérence et de justice territoriale.

Le football produit un aménagement du territoire efficace. À la différence de nombreuses autres activités, il n'est pas concentré : le football professionnel est représenté par quarante PME installées dans toutes les régions de France.

Idée reçue n° 9

Le football attise la violence et la haine

« Le football entretient le chauvinisme, les stades sont devenus infréquentables, on entend des horreurs dans les tribunes. »

La violence de la société est rentrée à l'école, dans les lieux publics, dans les hôpitaux. Doit-on pour autant faire le procès de l'école, des trains de banlieue, des autobus ou du système médical français ? La violence de la société est également rentrée dans les stades, mais cette fois on accuse le football. Dans les amphithéâtres de Sciences-Po, on entend parfois que le football serait un substitut à la guerre. Soit, la compétition existe. Pendant longtemps elle a ressemblé aux joutes médiévales : on félicitait le gagnant, vainqueurs et vaincus observaient un code d'honneur. C'est la société qui a changé et non le sport. Francis Collado, dirigeant actuel du club d'Istres (Ligue 2), a été pendant treize ans directeur général du Racing Club de Lens, club emblématique du Pas-de-Calais. Le stade Bollaert à Lens est le seul où le « cop » des supporters est logé non dans les virages mais face à la tribune présidentielle. Le 12 Lensois, association de supporters qui symbolise la force du douzième homme, a traversé le temps sans perdre son esprit bon enfant. « Mais même à Lens, commente Francis Collado, où l'esprit sportif est une marque de fabrique, la sociologie des supporters a changé. Le second club de supporters, les Tigers, est animé par de jeunes gens très virulents. Ils sont en général bien formés et instrumentalisent le football pour susciter de l'agitation [1]. » Le RC Lens lui aussi a changé. Il n'est plus tout à fait un club paisible et fraternel. Jetez un œil sur les forums Internet des associations ou des clubs de supporters. Sans modération, certains

1. Entretien personnel à Paris, le 29 mars 2011.

internautes déversent des tombereaux d'insultes sur les dirigeants, à commencer par Gervais Martel, le président historique du club local, celui qui l'a non seulement soutenu sur ses propres deniers, mais qui incarne aussi cette tradition du Nord, conviviale et apaisée. Dans le monde amateur, la violence est insidieuse. Elle commence avec les jeunes. Non que les jeunes soient par nature violents, mais tendez l'oreille, écoutez les parents sur la touche lancer des recommandations guerrières quand ce ne sont pas des insultes. J'ai entendu des parents hurler à leurs enfants des phrases comme « descends-le ! » en parlant d'un autre (jeune) joueur ! « Le football, amateur comme professionnel, est une éponge. Il absorbe les chocs et les anomalies de fonctionnement de notre société. Vous vous faites insulter quand votre voiture est mal garée, ironise M. Collado, alors pensez quand il s'agit d'une rencontre de football. » Arbitres agressés, joueurs battus, bagarres entre supporters, les journaux régionaux du lundi matin dressent la chronique de ces « faits divers » qui augmentent en volume et en intensité. Des agressions violentes et en groupe ont provoqué des dommages corporels graves pour de simples matchs de championnat de district. En 2008, un rapport indépendant a recensé douze mille matchs à incidents dans le monde amateur. Le football abrite les luttes locales, les rivalités de territoires dans les championnats locaux. Cette mauvaise image décourage les vocations. De nombreux parents renoncent à inscrire leurs enfants dans des écoles de football ou dans des clubs, préférant le rugby ou le basket qui bénéficient, l'un et l'autre, d'une bonne exposition médiatique. Ces incidents sont de plus en plus nombreux. Ils sont une honte pour le football et une amère déception pour les éducateurs les plus nombreux qui travaillent à l'inverse à créer du lien et du respect. Dans ce domaine, c'est la responsabilité personnelle qui est en jeu. Les parents qui veulent faire de leurs enfants des « bêtes de guerre sportive » ou qui placent leur orgueil dans les résultats de ceux-ci sont responsables. Mettre en cause le football est si facile et tellement rassurant. Que dire par ailleurs de ce football communautaire qui se développe dans certains quartiers des grandes villes de France ? Un football ethnique et communautariste, à l'inverse de l'idéal sportif fraternel et ouvert. Le football ne vit pas en dehors de la société mais en capillarité avec elle. Il amortit les chocs, il peut éduquer, mais on ne peut empêcher qu'il reflète parfois nos propres contradictions et notre schizophrénie.

Comment lutter contre les violences ? En France, quatre cents personnes (seulement) sont interdites de stade contre plus de deux mille en Grande-Bretagne. Les sanctions contre les primo-délinquants devraient être exemplaires. Les interdictions de stade et l'augmentation du prix des places ont donné en Grande-Bretagne de très bons résultats. En Allemagne, le foot familial incarné dans des stades accueillants et animés semble avoir sécrété un contrepoison. En France quelques clubs ont mauvaise réputation. Les supporters stéphanois sont connus pour être rudes. Leur violence (relative) s'explique aussi par l'attachement au club. Le Forez est une région fermée. La géographie a placé Saint-Étienne dans une enclave, l'attachement au territoire y est radical et l'identification au club très puissante. Même au fin fond du classement de Ligue 2, Saint-Étienne était porté par son public. À Geoffroy Guichard, on aime le vert et rien d'autre. Cet attachement au maillot n'excuse en rien les comportements déviants, les insultes ou les menaces à l'égard des publics visiteurs, mais ils expliquent un certain chauvinisme. On ne peut non plus vouloir tout aseptiser. Je sais que la mode est à l'hygiénisme mais il y a des limites. On ne va pas au stade comme à un concert de musique de chambre. La société doit aussi accepter l'idée que l'énergie qui s'exprime, parfois bruyamment au stade, est une bonne énergie dépensée ! À Marseille, l'attachement à l'OM est une religion. Marseille est une ville de sédentaires effectifs. On naît marseillais et on est marseillais, envers et contre tous. « Allez l'OM, quoi qu'il advienne ! » Une fois encore, je ne cherche pas à disculper les mauvais supporters, irrespectueux, mais simplement à comprendre. Dans cette France très fortement centralisée, Paris est perçu comme un centre carnivore. Au cours des tournées en public de l'émission *Les Grandes Gueules* de RMC à laquelle je participe, à Marseille, Lyon, Lille ou ailleurs, j'ai entendu au moins cent fois que « Paris n'est pas la France ». Les rencontres de football contre Paris-Saint-Germain sont immanquablement marquées par l'esprit du défi au plus puissant que soi. Le football est l'otage de notre organisation politique et administrative. Une certaine condescendance parisienne est visée. Si on bat Paris, on bat la capitale. C'est un trophée ! La violence, les dirigeants du PSG la connaissent. Elle a été le lot de ce club et demeure une préoccupation centrale de ses dirigeants. Robin Leproux, l'ancien président, a été très courageux en s'attaquant au fonds de commerce de l'entreprise, son public. Le démantèlement des tribunes rivales, Boulogne et Auteuil, portait un risque commercial évident. Pour éviter les affrontements et susciter le « vivre ensemble », le PSG a rompu avec une tradition qui consistait à offrir le choix de la tribune aux supporters. On venait acheter du « Boulogne » ou de « l'Auteuil » avec l'assurance de pouvoir en découdre avec ceux d'en face. « Désormais, explique M. Leproux, le PSG propose des abonnements sans localisation précise, il faut que les gens se mélangent et ça marche. » Une moitié des supporters visés par cette mesure est partie. Les autres sont restés. Pour les plus radicaux, Auteuil ou Boulogne sonnaient comme une identité. « Des supporters m'ont dit qu'ils étaient "Boulogne" ou "Auteuil" depuis la naissance du club et qu'ils ne concevaient pas de venir au Parc ailleurs que dans leur clan. Nous avons tenu bon et les tensions se sont apaisées. » Les dirigeants du PSG ont payé un prix élevé pour lutter contre la violence. Le coefficient de remplissage est tombé à 60 % de la capacité du stade. La perte de recette est estimée à 7 millions d'euros, mais l'espoir d'une reconquête commerciale fondée sur un public plus familial et durable existe réellement. Les dirigeants de l'équipe parisienne veillent maintenant à dissoudre ou à empêcher les regroupements qui pourraient se constituer aux abords du stade. Les forces de police y sont particulièrement attentives. Il est incontestable que le niveau de violence a décru dans un club pris entre deux camps. En 2011, on peut affirmer qu'il ne sera pas nécessaire de dissoudre le PSG [1].

Faut-il parler de la violence du football ou de la violence des supporters ? « On a donné beaucoup trop d'importance aux supporters, estime

1. Après la mort d'un supporter, Christophe Barbier, éditorialiste et directeur de la rédaction de *L'Express*, avait déclaré dans un éditorial du 3 mars 2010 : « Il faut dissoudre le PSG. »

Francis Collado, certains d'entre eux se considèrent comme propriétaires du club. » Lors d'une rencontre à Istres contre Nantes, raconte le président du club provençal, « il y avait cinquante supporters nantais dans le stade, ils ont passé le match à insulter le président Kita ». Valdemar Kita, principal actionnaire du FC Nantes, a investi 50 millions d'euros dans cette équipe. Le public est parfois difficile à suivre…

« Le monde marche mieux quand chacun est à sa place ! » commente un président de Ligue 1, moins courageux que Francis Collado, et sous couvert de l'anonymat. Trop de clubs professionnels ont commis l'erreur d'engager des « négociations » avec les supporters ou les clubs de supporters. Dans certains états-majors, il y a même un « Monsieur supporter », chargé d'entretenir le dialogue avec le public. « Du coup, on négocie le contenu des banderoles, regrette le président istréen, on leur demande d'enlever les appels à la violence ou les mises en cause personnelles des dirigeants. C'est comme une négociation sociale, les mots d'ordre sont l'objet d'une cogestion entre les dirigeants et les représentants des supporters, y compris quand il s'agit de demander le départ des dirigeants ou de l'entraîneur. » L'entrée des supporters sur la scène du football professionnel mise en pratique par les clubs eux-mêmes est désormais totalement légitimée par le pouvoir politique. Après la Coupe du monde en Afrique du Sud, Rama Yade, alors secrétaire d'État chargée des sports, prend l'initiative de réunir les supporters avec l'ambition de leur apprendre le civisme ! En prenant une décision aussi baroque, elle n'a obtenu qu'un seul résultat. Les supporters ne sont pas mieux éduqués mais ils se sentent plus puissants. Rendez-vous compte, on les reçoit en grande pompe au ministère et la ministre leur parle, comme s'ils étaient des acteurs du football, comme les joueurs, les entraîneurs ou les investisseurs ! Je suis favorable à un statut du consommateur, mais dans un cadre qui respecte le périmètre de chacun. Après tout, sur un marché concurrentiel, si le client n'est pas satisfait, il va voir ailleurs. Des supporters, y compris des « interdits de séjour » ont donc été reçus au ministère où Mme Yade leur a donné une leçon de savoir-vivre. « De la poudre aux yeux », jugent les dirigeants de club qui veulent bien prendre position. Une grande majorité s'inquiète de l'immixtion du pouvoir politique dans les affaires du football. Chantal Jouanno, successeur de Rama Yade au (très contestable) ministère des Sports, a sans doute atteint le zénith de l'ingérence en estimant que ni Ribéry, ni Evra ne devaient plus porter le maillot de l'équipe de France au printemps 2011. Du coup, des sondages ont été réalisés pour savoir ce qu'en pensait l'opinion, la tension est montée ou remontée et les radios comme les télévisions en ont fait grand cas, comme s'il s'agissait d'une affaire d'État. Dans un contexte de médiatisation fondée sur l'émotion, la violence est toujours à fleur de peau. Le développement des moyens de communication et d'échanges comme les forums Internet radicalise le débat et ouvre le champ aux opinions les plus violentes. Dans des clubs comme Marseille, le système Tapie était allé plus loin en concédant aux supporters la location des places situées dans les virages du stade Vélodrome. Des associations-entreprises vivent de ce commerce et prospèrent sur le négoce. Ce sont sans doute les mêmes qui ont agressé Luccho Gonzalès, le milieu offensif de l'OM en mars 2011. Le club les a réunis et, au cours d'une autre rencontre en présence de tout l'effectif marseillais, le préfet (lui-même) a adressé une admonestation aux joueurs en leur suggérant de ne plus rouler en grosse voiture pour éviter, sans doute, d'attiser la colère ou le dépit des supporters les plus « ultra » ! La gestion du football est à ce point essentielle que le représentant de l'État s'en empare. La violence se recharge dans cette théâtralisation du football. Il faut dédramatiser et demander à l'État d'assurer sa fonction régalienne qui est en l'espèce de maintenir l'ordre public. Laissons la gestion des clubs aux clubs eux-mêmes et celle du parc automobile des joueurs à leur bon sens ou à un règlement intérieur imposé par les représentants des employeurs.

Le football rêvé n'est pas le football réel. Le public a changé, il en veut pour son argent et certains soirs on comprend le dépit des supporters. Le monde a changé et les codes de vie en commun ont eux aussi évolué. Le football n'échappe pas à une certaine forme de judiciarisation du quotidien. En dehors du stade, le principe de précaution tend à déshumaniser les relations entre les personnes et les groupes. Nous voulons tellement nous protéger de tout que nous avons constitué un corps de règles contraignantes et souvent inefficaces. L'hygiénisme marque à sa façon le grand retour des censeurs. Dans les stades, les nouveaux censeurs sont les arbitres. Tous les joueurs vous le diront, on ne peut plus leur parler. « Par le passé, dit Francis Collado, il y avait un contrat d'intelligence entre l'arbitre et les autres acteurs du jeu. On pouvait même plaisanter. Les arbitres s'adressaient aux joueurs avec une forme d'affection paternelle. J'ai même vu des arbitres se déplacer pour dire à l'entraîneur de sortir tel ou tel joueur avant qu'il ne prenne un carton rouge. Nous vivions ensemble un football plus humain et plus apaisé. C'était un facteur de relative tranquillité dans les stades. » Je n'entends évidemment pas faire le procès de l'arbitrage, mais je constate comme beaucoup de supporters que les arbitres se trompent souvent et refusent d'admettre leurs erreurs. Beaucoup d'arbitres sont autoritaires et présomptueux quand ils ne sont pas condescendants. L'arrivée d'un quatrième arbitre a renforcé les tensions sur le banc de touche. Pour justifier sa fonction, le quatrième arbitre s'est transformé en mouchard du banc de touche. Un entraîneur de Ligue 1 qui ne souhaite pas être cité témoigne : « Dans un match de foot, il y a toujours des moments de tension. Nous sommes des gens passionnés. On est amené parfois à dire des mots un peu crus. La principale occupation du quatrième arbitre est d'aller rapporter nos propos à l'arbitre de champ. Au lieu de relativiser, ils font monter la tension et c'est évidemment un facteur supplémentaire de violence dans le stade. » Compte tenu de l'évolution des moyens techniques, les arbitres devraient faire preuve de modestie. La télévision montre tout, y compris les erreurs d'arbitrage. Les spectateurs comprendraient mieux les erreurs d'appréciation, si elles étaient admises comme un élément du modèle. Après tout, le sport et notamment le football comportent des variables, c'est-à-dire des éléments changeants et parfois imprévisibles. Dans ces conditions, l'arbitrage à cinq serait une pure folie. Il ajouterait un problème et ne serait d'aucun secours.

La violence dans les stades prend racine dans les maux de notre société. Elle est renforcée par des facteurs conjoncturels et par des rivalités anciennes de territoires. La violence dans les stades doit être traitée comme la violence tout court. Des sanctions exemplaires devraient frapper les primo-délinquants, les interdictions de stade devraient être plus souvent prononcées pour au moins protéger le reste du public. Le stade ne doit pas être l'exutoire des insatisfactions sociales et psychologiques. Comme le dit Francis Collado, « c'est comme dans les familles, il y a des valeurs sur lesquelles il ne faut jamais négocier » !

Synthèse

Les dix années qui viennent seront essentielles pour le football français. Le monde professionnel est appelé à créer un modèle économique durable, compétitif à l'échelon européen. Le monde amateur devra de son côté professionnaliser sa gouvernance et sortir des querelles de clocher. Le nouveau président de la Fédération s'y emploie. Tous les acteurs du football français, professionnels, amateurs, joueurs, entraîneurs, dirigeants et supporters, sont concernés, mais chacun à sa place. Retenons de cette enquête non plus des idées reçues, mais quelques idées fortes :

– En France, pour commencer : les gardes du corps financiers de la DNCG et certains dirigeants de clubs, actuellement en conflit sur les règles comptables, sont appelés à réactualiser le compromis de gestion du monde professionnel. On peut comprendre le point de vue des clubs qui entendent conduire souverainement leur politique d'entreprise. De très nombreux actionnaires remettent au pot chaque année pour combler les déficits. On comprend aussi les directives de la DNCG, soucieuse de produire des championnats professionnels matures (en L1 et L2), à l'abri des accidents systémiques. La finance internationale a bien failli s'effondrer pour avoir survalorisé des actifs instables. La communauté a dû voler au secours des banques et des établissements financiers pour éviter l'effondrement à l'issue de la crise économique de 2008. Cela dit, la situation des clubs professionnels, en France, n'a rien à voir avec celle des établissements de crédit qui ont succombé. Mais mieux vaut prévenir que guérir : le football n'échappe pas à ce bon sens. Quoi que l'on puisse en dire, le football professionnel est un marché, et tous les marchés comportent des règles. Nos clubs, nos championnats seront plus forts si la situation des entreprises de production du spectacle est saine.

– Pour y parvenir, le football doit régler une bonne fois pour toutes la question de ses financements. On peut là encore trouver des analogies entre la situation d'ensemble de notre économie et celle des entreprises du spectacle sportif. Les fonds propres manquent et les financements externes sont insuffisants et instables. La construction de nouveaux stades et l'amélioration des plus anciens fourniront de nouveaux outils de production et devraient doper les recettes guichets très insuffisantes. Augmenter les recettes dans et autour du stade, l'enjeu est double pour que les entreprises de football soient rayonnantes dans leur environnement. Le football professionnel a vocation à catalyser des initiatives d'intérêt général en matière de développement des territoires. La malheureuse polémique autour du nouveau grand stade de Lyon sent les manœuvres de coulisse et les entourloupes politiciennes. Quel gâchis ! Lyon, ville européenne majeure du football, doit pouvoir porter un projet de stade à la dimension de l'agglomération. On comprend les débats politiques sur des enjeux de société, sur des choix stratégiques de politique sociale ou fiscale, mais franchement, pour un stade ! Le football ne devrait pas être un objet de conflit politique dans un pays qui a tant à faire pour réussir dans la mondialisation.

– Le développement des recettes directes issues du spectacle ne doit pas faire oublier la question centrale des droits audiovisuels. Le football est un produit audiovisuel très attractif. Sans doute le plus fédérateur. Il cimente, il sait parfois rassembler. Les consommateurs de football à la télévision sont aujourd'hui captifs. Exception faite des rencontres de l'équipe de France ou de certains matchs européens sur les écrans de TF1 ou du groupe M6, ou encore de la Coupe de la Ligue et de la Coupe de France sur France télévisions, le championnat, c'est-à-dire le produit d'appel est entre les mains de Canal+. La chaîne cryptée a su fidéliser un très large public autour du football. On s'étonne au passage que ses dirigeants dévalorisent leur produit phare dans des déclarations publiques maladroites. Disons-le clairement, ces déclarations sont destinées à faire baisser les prix des droits audiovisuels. Elles s'inscrivent dans une pure logique de profit. Mais, en dessous d'un certain prix de réserve qui ne permettrait plus de rémunérer correctement les producteurs du spectacle, le modèle actuel n'a plus de sens. La Ligue est dans son rôle quand elle prévoit un filet de secours. CFOOT, la nouvelle chaîne de la TNT payante opérée par la Ligue et les clubs pros, deviendra probablement une grande chaîne sportive à l'image de ce qui a été fait avec succès dans les pays du Nord de l'Europe, Royaume-Uni et Pays-Bas. Avec la mondialisation, le marché du football a véritablement changé d'échelle : les publics d'Asie se passionnent pour le jeu, mais aussi pour les grands championnats historiques européens. C'est une chance pour nous tous, et une opportunité à valoriser.

– Le football français évolue dans un cadre européen. Grâce aux compétitions européennes, le niveau de jeu s'est amélioré. La confrontation des meilleurs clubs européens a créé une émulation productive. On joue beaucoup mieux au foot aujourd'hui qu'il y a une ou deux générations. En se professionnalisant, le football est devenu un grand marché communautaire. Sur ce marché libéralisé, les actifs essentiels, les joueurs, sont mobiles. Ils vont là où l'offre de travail est la plus profitable. La Grande-Bretagne, l'Italie, l'Espagne, et l'Allemagne ont été les plus accueillantes pour les meilleurs footballeurs internationaux. En Grande-Bretagne, la *Premier League* administre elle-même son championnat. Les politiques sociales et fiscales de l'État y sont plus douces, sans que l'Angleterre puisse être considérée comme un pays hors du cadre européen. En Allemagne, dans un pays qui ressemble beaucoup au nôtre, le monde du football n'est pas soumis à une saignée fiscale et sociale comme en France. Non seulement l'État se mêle de tout, mais en plus, il consomme une partie substantielle de la richesse créée. L'attractivité de notre championnat français repose sur sa capacité à produire de grands joueurs, à les conserver et à produire ainsi de grandes équipes. À la différence des chanteurs, acteurs de cinéma et de théâtre, coureurs automobiles, tennismen, etc., les footballeurs français engagés dans des clubs français ne sont pas délocalisables. Un certain discours très à la mode tend à désigner les footballeurs comme des imbéciles avides de gros salaires et adeptes de l'évasion fiscale. Et pourtant, un commerçant des quartiers chics a bien plus de latitude pour échapper à l'impôt qu'un footballeur professionnel français, salarié en France, sous surveillance fiscale renforcée !

Ne nous étonnons pas si nos meilleurs clubs s'arrêtent aux portes des grandes finales européennes et si nos meilleurs joueurs vont valoriser leurs talents chez nos voisins. On récolte ce qu'on a semé : en France, les footballeurs comme tous ceux qui gagnent de l'argent sont considérés comme suspects. Si rien n'est fait pour alléger la fiscalité qui pèse sur les artistes, tous ceux qui le pourront quitteront ce pays et il sera inutile de leur en faire le procès.

– L'idée qui consiste à dire que le football est une activité soutenue à bout de bras par l'État est une aimable plaisanterie qui ne résiste pas une seconde à un examen économique sérieux. Et que dire si l'on comparait le football avec d'autres activités du spectacle, cinéma, théâtre, « arts et spectacles vivants » de la rue qui se nourrissent presque uniquement d'aides publiques, directes ou indirectes ! Je ne conteste pas le soutien de l'argent public à la création artistique, mais je réclame pour le football une considération *a minima*. La contribution fiscale nette du football professionnel est de 1,1 milliard d'euros chaque année. Cela se respecte par ces temps de disette fiscale. D'un côté, la France fait tout pour convaincre les gros contribuables de rentrer au pays, de l'autre elle assomme ceux qui restent en les traitants de nantis. Trop, c'est trop.

– Le football participe avantageusement à l'aménagement du territoire. La Ligue professionnelle est le premier organisateur de spectacle vivant en France. Quarante clubs, dont vingt de Ligue 1, disputent huit cents matchs par an. Ils sont suivis par plus de dix millions de spectateurs et plus de cent millions de téléspectateurs. Plus que la population de la France. Quarante villes proposent plusieurs fois par mois un spectacle dont l'issue n'est jamais connue à l'avance. Les producteurs de ce spectacle forment un ensemble de quarante PME, non délocalisables, qui emploient cinq mille personnes et soutiennent des dizaines de milliers d'emplois indirects et induits.

– Le football est un jeu et un spectacle. Il n'est pas destiné à se substituer à l'autorité des parents, pas davantage à remplacer les institutions éducatives dans leurs fonctions régaliennes. On lui en demande parfois un peu trop. Pourtant, le football est une activité codifiée et fortement éducative et émancipatrice. On attend beaucoup du sport dans une société qui perd ses repères d'autorité. Il produit du rêve et rassemble des communautés éparses. Opium du peuple, ersatz des jeux du stade ou de l'arène ? Pourquoi pas ? Après tout, la dimension ludique est fortement attachée à la nature de l'homme. Dire le contraire est un déni de réalité. Le foot n'est cependant pas un western sportif. Il comporte des règles auxquelles sa communauté obéit. « Tout ce que je sais de plus sûr à propos de la moralité et des obligations des hommes, c'est au football que je le dois », disait en son temps Albert Camus avec la justesse d'esprit qu'on lui connaît. Le foot est un jeu simple, démocratique. On le pratique sous toutes les latitudes. Quel spectacle, quel jeu peut prétendre à cette vocation universelle ? Je me rappelle un voyage en Haïti, en 1995, alors que le pays était sous embargo de l'US Navy. On voyait au loin, sur la ligne des eaux vertes des Caraïbes les fumées des bateaux de guerre, et là, sous mes yeux, des enfants de Port-au-Prince avaient organisé un tournoi sur les routes pentues des quartiers populaires. La guerre, le blocus avaient cessé pour eux, le temps de leur championnat informel. Tous ceux qui étaient là sur les trottoirs de la vieille ville avaient momentanément oublié leurs peurs et sans doute aussi leur faim. On peut jouer au football contre un mur, à deux, à trois, on dresse un but avec un cartable d'écolier ou avec une veste de survêtement, on improvise une attaque défense dans une cour d'école ou dans un champ. Le foot est soluble dans notre imagination et dans nos rites. Le baron de Coubertin avait son explication : « Un seul sport n'a connu ni arrêt, ni reculs : le football. À quoi cela peut-il tenir sinon à la valeur intrinsèque du jeu lui-même, aux émotions qu'il procure, à l'intérêt qu'il présente. » Peu d'activités collectives peuvent revendiquer d'être pratiquées dans des espaces aussi divers. Des petits stades municipaux aux grands édifices monumentaux, des cours de prison aux gazons british des écoles d'élite. Certes, les anomalies de fonctionnement de nos sociétés sont entrées dans le football comme elles sont entrées dans les écoles et les espaces publics. Faut-il accabler le sport pour ces dérives ? Doit-on faire le procès du modèle ? Notre société est devenue clivante. Elle exclut plus qu'elle ne fédère. On peut moquer le football mais il est une des rares activités humaines où toutes les couches de la société se retrouvent, un des seuls espaces de rencontre entre des hommes et des femmes que la société ne sait plus rassembler. Alors, je n'ai qu'un mot à dire pour conclure. En fait, trois mots : vive le football !

Pour l'éditeur, le principe est d'utiliser des papiers composés de fibres naturelles, renouvelables, recyclables et fabriquées à partir de bois issus de forêts qui adoptent un système d'aménagement durable.

En outre, l'éditeur attend de ses fournisseurs de papier qu'ils s'inscrivent dans une démarche de certification environnementale reconnue.

www.ingramcontent.com/pod-product-compliance
Lightning Source LLC
LaVergne TN
LVHW010546160826
845677LV00013B/3013

* 9 7 8 2 7 0 9 6 3 8 2 8 9 *